AF441367

❖ سلمى علي الغفلي هي باحثة تربوية إدارية.

❖ حاصلة على دراسات عليا وماجستير في التخطيط الاستراتيجي والتنظيم الإداري والتنمية البشرية – بريطانيا. وماجستير في علم الحروف الكشفية (علم الحروف والأرقام)، تدريب عالمي في القراءة السريعة وخرائط العقل – توني بوزان ويلز، دراسات في التنمية الذاتية – ديناميكية التكّيف العصبي والبرمجة اللغوية العصبية.

❖ مُحاضِرة ومُدربة في التخطيط الاستراتيجي.

❖ حاصلة على جوائز التميز في العمل الإداري:

- جائزة رئيس الدولة خليفة بن زايد للتميّز الإداري، جائزة حمدان بن راشد للإدارة المتميزة.

- جائزة الشارقة للإدارة المتميزة.

- جائزة الشارقة للعمل التطوعي.

- جائزة الشارقة للعمل الاجتماعي المتميز.

❖ مؤلفة لإصدارات أدبية تربوية مميزة، بالأسلوب الأدبي والمحتوى النقي، ورسائل تتضمن مستوى عالٍ من الوعي البشري: ديوان *نهر العوسج.. الهولة.. حكايا الرمال.. الغريب والراعي.*

الإهداء

إلى

رفيق الطريق، الذي إذا تداعت مراكبي بأشرعتها يسندها، وإذا هاجت رياح أفكاري انتقى منها وصوّبها وأيّدها، ولا أخشى على يدي من زمام الأمر تفلّتها.. إلى الصديق الرفيق:

سيف الغفلي.

سلمى علي الغفلي

بِنْ عَــرَّاف

AUSTIN MACAULEY PUBLISHERS™

LONDON • CAMBRIDGE • NEW YORK • SHARJAH

شكر وتقدير

الحمد لله رب العالمين..
(من لا يشكر الناس لا يشكر الله).

لو كنت أعرف فوق الشكر منزلة

أوفى من الشكر عند الله في الثمن

أخلصتها لكم من قـــلبي مُهذّبة

حذواً على مثل ما أوليتم من حسن

عميق شكري وخالص امتناني لأبي الغالي (علي عبيد الغفلي) ولأمي الحنون (مرحومة خليفة)، المصدر المعرفي للقصص التراثية المذكورة بين طيّات الكتاب.

وشكري الخاص لأختي الغالية (نفلاء الغفلي)، التي كانت معي في المتابعة والتصحيح، وتوفير الناقص من التفاصيل الخاصة بالقصص التراثية.

شُكراً لأسرتي الحبيبة، زوجي وأولادي؛ على مساندتي وتوفير الجو النفسي الأسري الرائع للإنتاج والمشاركة.

شكراً لوطني الحبيب وبلادي الغالية، ليحفظكم الله جميعاً.

رهنت يدي بالعجز عن نيل شكره

وما فـوق شـكري للـشـكـور مزيدُ

ولو كان مما يُستطاع استطعته

ولكن مـا لا يُسـتطاع شديـــدُ

سلمى علي الغفلي

مقدمة

عندما تحيا على الأرض، تسير بك الأيام طويلاً في نظرك، (لا شيء في الحقيقة)، كل شيء في الطريق يُناديك ويبثّ لك إشارات تدلك على حُسن المسير، أنت تجد على كل طريق علامات تدلك حيث تريد، وإشارات للعبور، أو التوقف، أو التمهل، أو تغيير المسار...

(عليا) سارت في مثل طريقك، فأوقفتها كثير من الإشارات، بل إنها بدأت تتماهى معها وتنسجم فيها، بل ربما تتناغم وتفهم مدلولات إشارات الحياة؛ لكي تُجيب على أسئلة كثيرة كانت مختبئة. فانطلقت بانتشار المدى أمام ناظري عليا في رحلتها إلى البادية...

إن كُنت عزيزي القارئ ممن تُثيره إشارات الحياة، ولديه الفضول لمعرفتها وكيف تصل إلى فك شفرة لغز الحياة، فأعدك بأنك ستستمتع معنا الانسياب بين سطور رحلة عليا إلى البادية فابقَ معها!

عليا في البادية

الأشجار تمر سريعاً، أقصد السيارة التي تقل عليا من المدرسة الثانوية تخترق طريق العودة للبيت في سرعة متوسطة، بل أقل من السرعة المحددة بطلب من عليا لأخيها أن يخفف السرعة؛ لكي يستمتعوا بقطرات المطر التي تتساقط على نوافذ السيارة، بل إنها ضغطت على مفتاح النافذة المجاورة لها لكي تُخرج كفها وتلتقط بعضاً من المطر؛ كي تسري طاقته في كيانها المتعطش له، حالها كحال أي خليجي يفرح باجتماع بعض السحب الداكنة في سمائه. نسيم لطيف بارد يتخلل المطر ويرمي بالرذاذ قليلاً داخل المركبة البطيئة، مُداعبة لعليا وأخيها علي.

كان هذا اليوم آخر يوم في المدرسة لكي تبدأ إجازة منتصف العام الدراسي لمدارس الدولة، سواء الحكومية منها والخاصة. وكانت عليا في السنة الأخيرة من الدراسة الثانوية، قد قضت أيامها الأخيرة في الدراسة المكثفة والاختبارات الطويلة في القسم

العلمي؛ فهي قد حددت نيّة على أن تبذل الأسباب التي تُمكنها من الحصول على درجات عالية ونسبة مرتفعة تُمكنها من التسجيل في الكلية التي تريدها بسهولة، وبما أن عليا من أصحاب العمل بالنّيات والأخذ بالأسباب، فهي إنسان يسير وفق منهجية وخطة في حياتها، ربما تكون خطتها عفوية أو أنها تكون عفوية في تخطيطها، فالإنسان الوسطي لا يعيش هملاً، ولا يكون مضغوطاً، بل يبتغي بين ذلك سبيلاً، وهذا جانب من مفهوم منهج الوسطية في الحياة.

اخترقت السيارة (اللاند كروزر تويوتا) الطريق العام، ثم انحنت يمينا لتلتف يميناً ثانية أمام مسجد كبير أبيض وبجانبه "بقالة السعادة"، ثم سارت السيارة في الطريق الممتد وعينا عليا على البقالة.. لقد اعتادت المرور وشراء مشروب بارد بعد المدرسة، ربما طقوس ومكافأة لها بين حين وآخر.

ها هي السيارة تدخل بوابة حديدية مُزينة بالنقوش الذهبية على شكل "فرزاتشي"، على شكل أغصان ملتفة حول قضبان الحديد الكبيرة. وكالعادة علي يعلن عن وصوله بالضرب على بوق السيارة ست مرات بتنغيم خاص به، لكي تفتح باب الفيلا، ويدخل الجميع تحت جو من الغيم والرذاذ.

- السلام عليكم، نحن وصلنا. قالت عليا التي دخلت قبل علي بمسافة أن يركن السيارة في المواقف الخاصة.

- عليكم السلام ورحمة الله وبركاته، أهلا بالغالين. ردت أمهم (سلامة) وهي تخرج من جهة غرفة الطعام، التي عملت على إعداد الغداء انتظاراً للجميع.

دخل علي وألقى التحية وقبّل رأس والدته وقالت:

- الغداء جاهز، وأبوكما سيتأخر في أمر بعد عمله، تخففا من ثياب العمل والمدرسة، واغتسلا.

ثم توجه الجميع لتناول الطعام، تبادلوا أحاديث قليلة روتينية عادية، لم يكن هناك الجديد والمثير كالعادة، وما إن اقترب الجميع أن ينتهي، حتى رنّ هاتف سلامة، فنظرت فيه وهي تأكل، ثم استعجلت بلقمتها وأخذت الهاتف الذي كان يتردد فيه اسم (أمي الغالية). كان على الجانب الآخر صوت أختها مريم التي بدأت:

- مساء الخير سلامة، كيف حالكم؟!

مما أدى إلى تعجب سلامة التي كانت تتوقع صوت أمها فطّوم (فاطمة).

- مريم! مرحباً يا أختي، كلنا بخير والحمد لله، طمنيني على أمي، كيف حالها؟! وأين هي؟!

قالت مريم: الحمد لله، أمنا بخير، إلا أنها تعرضت لوعكة صحية بسيطة، أردت فقط أن أطمئنك عليها، وأريدك أن تأتي لتمكثي معها يومين حتى تتعافى بإذن الله، فأنا وزوجي وأولادي قد حجزنا غداً للسفر إلى مكة المكرمة لأداء العمرة، ولم نتمكن من التأجيل بسبب ازدحام الحجوزات، متى ستأتين؟! لأنني يجب أن أعود لأرتب حاجياتنا للسفر!

مريم كانت مع أمها منذ يومين، ولم تخبر سلامة لكيلا تُقلقها أثناء اختبارات عليا وارتباطاتها في المدينة، حيث إن بيت أمها فاطمة في القرى الخاصة بالبدو في الشمال على طريق الذيد، وسلامة تعيش مع زوجها وأولادها في العاصمة، وهنا ستحتاج للغياب عن البيت أياماً لرعاية أمها. صحيح أن بيت أخيها في نفس المنطقة، بل ملتصقاً ببيت الوالدة، إلا أن فاطمة امرأة طاعنة في السن وتحتاج لرعاية خاصة كبيرة في وقت مرضها، الجانب الآخر الذي حيّر سلامة في الرد، زوجها الذي كان قد نظم وليمة كبيرة بمناسبة تخرج علي من كلية الطيران، ودعا لها كل أصحابه ومعارفه في شتى بقاع الدولة، كعادته في المناسبات السعيدة...

ماذا تفعل سلامة، أُمها وزوجها، كان ردها على مريم أنها ستتصل بها بعد قليل لتخبرها متى ستأتي.

لم تعد سلامة لغرفة الطعام، ومكثت في غرفة الجلوس لتحاول الاتصال بزوجها سالم، وتبحث معه عن حل مناسب لهذا الظرف الغير مُنتظر، لكنه ربما انشغاله بذلك الأمر بعد العمل تسبب في عدم رده السريع عليها، إنما هي دقائق وكان على الخط الثاني مع سلامة.

- سلامة خيراً إن شاء الله، اتصلت أكثر من مرة وهذا ليس بالعادة؟!

أخبرته سلامة بأمر مرض أمها وسفر أختها والتزامها معه في الوليمة التي دعا لها الناس، وحيرتها من أمرها، كانت تنتظر الرد من سالم؛ فهي تثق به كثيراً، فهو يرى أبعد منها نظراً، وربما لأنه خارج دائرة الموضوع يستطيع أن يُفيدها أكثر، أو يسمح لها بالذهاب.

قال سالم: الدعوة وصلت جميع المدعوين والناس سيحضرون جميعاً، لا أستطيع التأجيل، وبذلك لا يمكن أن تتركيني في هذا الأمر وحدي، فإشرافك وإعدادك لا يستطيع أحد أن يأخذ مكانك فيه.

- طيب وأمي؟! قالت سلامة.

- أرسلي لها عليا لمدة أيام، منها تقوم على رعاية جدتها، ومنها تُغير قليلاً بعد المدرسة والاختبارات، والأجواء في البادية في مثل هذه الأجواء ستغريها، أنا أعرف ابنتي، بر وفضا! قال سالم.

كيف لم تخطر هذه الفكرة في بال سلامة، إنما دوامة الأحداث تجعلنا لا نرى أمامنا أحياناً، وربما يكون الحل في الجوار، إلا أن الرؤية تكون محدودة غالباً!

اتصلت سلامة بمريم وأخبرتها: ستأتي عليا إلى جدتها، وأنا سألحق بها بإذن الله.

أخبرت سلامة عليا بالموضوع، وكأنها نقلت لها مكافأة سخية، وطارت فرحاً باستغلال كل لحظة في الإجازة التي لم تبدأ بعد.

بعد الخبر بثلاث ساعات كانت سيارة علي تندفع في الطريق السريع الذي يصل بين الإمارات السبع، من أكثر ما تُحبه عليا البر والغيم والمطر والبادية، مع أنها لم تعش في هذه الربوع إلا في بعض الإجازات والزيارات الخاصة بالمناسبات المُتبادلة، إلا أنها كانت تحمل ذكريات غريبة، هي ليست ذكرياتها بل ذكريات أمها سلامة التي طالما كانت تحكي لعلي وعليا عن حياتها ومواقف طُفولتها، خاصة حول النار التي توقدها في خيمة الشتاء بجانب

مواقف السيارات الخاصة بعيداً عن الفيلا في نفس السـور، كأن عليا ترى المشهد الآن.

قالت سلامة: كانت أسرتنا أسرة ممتدة، حيث كان والدي وحيد أبويه، وتزوج بأمي فاطمة، وعاشا مع جدي وجدتي. كان لجدتي خيمة، ولأمي خيمة، وبينهما لا أذكر جيداً تفاصيل البناء، لكني أذكر، بل أشعر ولا أنسى أبداً حين كنت نائمة في خيمة جدتي، واستيقظت فجراً ولم أجد أحداً بجواري، فعلمت أن الكل نهضوا، وفعلاً خرجت من الخيمة في يوم من أيام الشتاء الباردة، وخطوت نحو المطبخ أسفل التل عند شجرة السمر الضخمة، حينها كنت أمشي حافية القدمين على التراب الذي تبلل من الندى فجراً، كان بارداً أشعر به (كانت تبتسم وهي تخبرنا)، نعم وأشم رائحة "الظوّ"[1] و" القرص". كنت أسير نحو المطبخ كأنه أرض المأوى، كأنه أرض الأمان، وهو فعلاً ما كنت أشعر به، فتحت الباب الذي كان من خشب الجريد مشدوداً بحبال ليف النخيل، ويا للمنظر! النور والدفء يملآن المكان، وكان حول "الظو" يجلس أجدادي وأبواي (الأربعة الكبار)، وكان رأس صغير يطل بين الجميع، يا لغيظي! هل استيقظ قبلي هذا المشاكس؟ إنه أخي الأصغر عبد الله.

---

[1] النار التي يوقدونها صباحاً ويطهون عليها القهوة والحليب.

التفت الجميع نحو الباب مبتسمين متهللين، وقد لاحظوا نظراتي نحو عبد الله.

قال أبي الذي وعدني أن يوقظني فجراً قبل عبد الله ليخفف الموقف: مرحباً، حيّا الله ولدي سالم!

(كانت سلامة وهي صغيرة كأنها وأخيها خصمان، بل كانت تركب الإبل كحال عبد الله تماماً، إلا أنها لا تُشارك في السباق للهجن ونحوه، إنما تذكر أنها كانت تركب الركاب، وأولها التي تُسمى "القليصة"، ثم يُربط فيها باقي الهجن بالتسلسل. كانت سلامة تشعر بالزهو والفخر عندما يناديها أبوها سالم، لم تكن قد تعدت الثمانية أعوام حينذاك).

وأكملت: فدخلت وقبّلت الجميع، فهذه عادة الأسرة لدينا، إذا أصبحنا كأنها حياة من جديد، وبالفعل هي بداية مع كل فجر جديد أن نسلّم على جميع أفراد العائلة، ثم دخلت في الزحام بين جدي وأخي لنبدأ لنبدأ يوماً مُثيراً جديداً، فكنا نضع الأعواد الرفيعة في النار حتى يشتعل طرفها ثم نرفعها ونُحركها بسرعة لنرسم أشكالاً بالنور في وسط ظلمة الفجر! حياة لن يُدرك معناها من لم يحيَها، كانت معاني السعادة والأمان والأمن والانتماء والحنان والحياة في خيمة مطبخ أجدادي في ذات شتاء!

يا ليـــل أنا لي مع مضاويك تذكار

سجة تشرع في بحـــور التفاكير

يسري بي الهاجس على عد الأشعار

وأرسم بفرشاتك بديـع التصاوير

الطريق السريع الذي يساند اندفاع سيارة علي قد انتهى لكي تسير السيارة في طريق يلتف قليلاً بانحناء لطيف ليعتدل ثانية بشكل مستقيم، ويقطع كثباناً رملية يغطيها الثرى، حيث إن الأمطار كانت منذ الصباح تتعانق مع حبات الرمال وتتساقط على هذه النواحي، بلطف تارة، وتارة مما يُشبع التربة قليلاً بعد عام من الشمس والجفاف، مع بعض شجيرات الرمث، والقليل من نبات الخضرم الأخضر النَّضِر، فالرمال صارت ناعمة جداً بسبب عوامل التعرية والحرارة والانتقال لقلة سقوط الأمطار.

بعض الدكاكين على جوانب الطريق، تباطأت السيارة عند المحطة لتعبئتها بالبنزين، حيث إن الطريق السريع لا توجد على طول خطه إلا محطتان متباعدتان عن بعضهما، لدرجة أن العابر يأخذ حذره وأسبابه في التعبئة لعدم الحاجة للتوقف إلا نادراً.

تحركت السيارة مستأنفة طريقها نحو قرية جدتهم فاطمة، التي لا تُحبذ الخروج من حدودها إلا للظروف القاهرة قديماً، أما الآن فلا يمكن أن تُبعد عنا خطوات، فالجدة "فطّوم" كما يسميها الجميع تعيش في بيتها مع زوجها راشد، وبجانبهم بيت ابنهم عبد الله، خال علي وعليا.

وصلت السيارة وتوجهت نحو البوابة الرئيسية للبيت الأول في صف البيوت المقابلة للصحراء، والتي نُظمت على هيئة صفين متعاكسين، صفّ منها يقابل الشارع الرئيسي السريع، والصف الثاني يُقابل جهة البر والصحراء، كم كان المنظر جميلاً وبديعاً، غيوم كثيفة تجتمع متراصة (كاجتماع الخراف وتراصها في الحظيرة حينها من البرد)، ملونة بانعكاس لون الشفق الأحمر، معلناً غياب الشمس واختبائها إفساحاً للمجال لهيمنة الليل وانسياب السكون بجلال على أجواء البادية.

كعادة علي الذي أصبح مُبرمَجاً عليها – أي مبرمج على تلك العادة – أعلن عن وصوله، فقفزت عليا قائلة: أنا سأفتح البوابة، انتظر قليلاً.

دخلت من الباب الصغير، ثم اتجهت من الداخل نحو البوابة الكبيرة الخاصة بمدخل السيارات، فتحتها على مصراعيها لكي يدخل سيارته ويُنزل منها حقيبة عليا، وهدايا

أرسلتها سلامة لوالديها وبيت أخيها، لأنه حسب خطته يريد السلام على أجداده ويستريح قليلاً ليتناول القهوة، ثم يعود إلى العاصمة الليلة قبل الغد؛ ليساعد والده في الاستعدادات اللازمة.

قالت الجدة فاطمة: مرحباً بكم يا أولادي، لم أعلم أن مريم ستخبركم وتضطركم للمجيء لولا أنها على سفر غداً إلى مكة، الحمد لله أنا بخير، لكنها أصرّت على الاتصال بسلامة، وأنتم تعرفون خالتكم العنيدة.

قالت عليا: على العكس يا جدتي، لقد فرحت أنني سأكون معك خلال هذه الأيام، وهي إجازة الحمد لله، وأنت بإذن الله بخير، إلا إنني سأزعجك كالعادة.

ضحك الجميع واستأذن عليّ للعودة مُحملاً بالسلام والسمن العربي وتمر "الفرض" اللذيذ، إنتاج مزرعة خالهم عبد الله بن راشد.

كانت مريم قد انصرفت قبل وصول عليا، ووجدت عليا جدتها مع أحفادها وأمهم زوجة خالها الرائعة (لطيفة)، وكانت عليا تربطها بلطيفة علاقة جميلة، فلطالما انتظرت لطيفة وصول سلامة وعليا للقرية لتجد من تتحدث معه ببساطة وعفوية، وتتبادل معه أحاديث مهمة وعلوماً مفيدة مثمرة ثقة

بهما، هرباً من الكثير من حولها الذي يحيا في دائرته الخاصة، ولا يرى في الدنيا غيره، ويعيش بأنه ملك المآسي، أو دور الضحية، أو دور منارة الصواب الذي لا يُخطئ أبداً، بل هو الصح والكل خطأ، جهلاً منهم بالقول الحكيم "إنني ربما يكون رأيي صواب يحتمل الخطأ، وربما يكون رأيك خطأ يحتمل الصواب"، فلا احتمالات في حياتهم.

تناولت عليا طعام العشاء مع أجدادها وزوجة خالها، ثم انسحبت لطيفة إلى بيتها وقد جمعت صغارها أمامها لتأخر موعد نومهم.

قالت عليا بعد أن ناولت جدتها الدواء: جدتي، أنا سأكون في الغرفة المجاورة والباب مفتوح، ليس عليك إلا أن تناديني فتجديني عند قدميكِ، نامي بحفظ الله ورعايته.

ابتسمت الجدة وهي تُغلق عينيها على وجه عليا المبتسم الهادئ الجميل، وبخفة خرجت عليا وذهبت للغرفة المجاورة بهدوء لتصلي وتقرأ وتنام.

نام الجميع نوماً هادئاً حتى الجدة المريضة سعادتها بحضور عليا ووجودها بجوارها طمأنها كثيراً؛ فهي الحفيدة الغالية عندها، نامت حتى الفجر.

استيقظت الجدة فجراً كالعادة لتصلي الفجر وتوقظ راشد، وبعد قليل ستوقظ عليا كذلك للصلاة. كانت في غرفة الجلوس تردد أذكار الصباح بمسبحتها الخشبية التي تحتفظ بها وتحرص عليها بشدة مثلما تقول دائماً: "هذي المسبحة غالية عندي، إنها من مدينة الرسول عليه الصلاة والسلام"، وإذا بباب الصالة الخارجي يُفتح بهدوء، فتعجبت فطوم من الزائر فجراً، ونظرت جيداً وإذا به رأس عليا يطل من الباب وتدخل عليها.

- عليا! بسم الله! أين كنتِ، ومتى استيقظتِ من النوم؟!

كانت عليا ترتفع من انحنائها بعد قبلة وقعتها على جبين جدتها قائلة: صباح الخير يا جدتي، الفجر هنا لا يُفَوَّت أبداً، وأنا نمت كفايتي وزيادة، فصليت وخرجت إلى الخيمة كي أوقد النار، وأتأكد من وجود القهوة والحليب، وفرشت السجادة ورتبت كل شيء، ما رأيك أن تُكملي باقي الأذكار هناك؟!

نهضت العجوز بحيوية العجائز الرائعة، وتحركت إلى الخيمة متكئة على عصاها وهي توصي عليا بأن تُحضر لها "المدخن"، وهو إناء من الخزف توضع فيه بعض الجمرات، ويضاف له البخور أو خشب العود (طقوس صباحية للجدة). وما هي إلا دقائق والبخور كان يملأ المكان في الخيمة، يا لها من أجواء، لم يستيقظ الكثير بعد، فقط من يُحافظ على صلاة

الفجر كان حاضراً، أو من يستعد للخروج لالتزام خاص، أو الكبار في السن "البركة".

كان سكون الفجر أخّاذاً، وربما كلمات متناثرة كانت بين عليا وجدتها، إلى أن سمعتا باب البيت يُفتح، وإذا به الجد راشد عائد من المسجد متجه إلى الخيمة عندما رأى نور "الظو"، وسمع الجدة وعليا تتحدثان في الخيمة. دخل وسلّم واتخذ مجلسه المعتاد بجانب الموقد؛ ليحظى ببعض الدفء من برد الشتاء القارص.

قال راشد: هذه الأيام بالفعل تحتاج إلى إشعال النار للتدفئة، إنما أحياناً لا يكون البرد الذي يُذكر، ولكننا نوقد النار من باب "الوناسة"[1] فقط، كيف حالك يا بُنيّتي؟! وكيف سلامة! أعلم أن سلامة لا يمنعها عنا إلا الأمر القوي.

طمأنت عليا جدها على ابنته قائلة: هي أيام وستلحق بي هنا؛ فهي لا غنى لها عنكم، بل إنها مشتاقة للمجيء أكثر منك يا جدي.

وأثناء الحديث دخل الخال عبد الله الخيمة، وتتبعه زوجته لطيفة.. يُلقيان السلام، ويجتمع الكل حول موقد النار، ورائحة القهوة تعبق عبر أثير الخيمة، ويتبادلون فناجين القهوة

____

[1] الاستئناس.

والحليب الساخن اللذيذ، ويكثر الحديث الآن باختلاف الشخصيات، كما تتعدد محاور الحديث عن البارحة واليوم وما الخطط. ابتسمت عليا وهي تحيا الموقف، بل تذكرت أمها حين قالت: "يجتمع على موقد النار (الأربعة الكبار)"، وفعلاً هنا كأن الزمن يتكرر باختلاف العناصر، فها هما الجدّان والخال وزوجته، وهذا من الميزات الجمالية للعائلة الممتدة، ومدى ترابطها وتماسكها وقوة علاقتها. وأثناء ذلك دخل حمد، الابن الصغير لعبد الله، وكان في الخامسة من عمره..

قالت عليا: سبحان الله! لقد كبرت يا حمد. والتفتت لخالها وقالت: أتعلم يا خالي؟ إنه نسخة مُصغّرة منك!

فضحك الخال وضحكت لطيفة التي قالت: الغريب أنك الوحيدة التي تقولين ذلك، والكل يُرجع شبهه لي وأهلي.

أطرقت عليا خجلاً، وشعرت بأنها بإحراج، وأنها بعيدة عن دائرة التشبيه، ولا تكاد تربط الشبه بين الملامح، إلا أن جدتها قاطعت هذا الشعور وهي تقول: عليا، لقد ذكرتني بابنة بن عرّاف يا صغيرتي، هناك أمور لا يعيها كثير من الناس إلا قلة منهم.

اعتدلت عليا في جلستها وتهيأت للسؤال: من هي ابنة بن عرّاف يا جدتي؟!

قوم بن عرّاف

قالت الجدة وهي تجلس أمام النار والكل وجّه نظره إليها، إلا راشد الذي ابتسم كأنه تذكر بن عرّاف، واستمر يضع الحطب في الموقد بهدوئه المعتاد، والجدة تمعن النظر في الجمر المتوهج كأنها تعيش أحداثاً في كرة سحرية:

كان يا ما كان في سالف الوقت والأوان، كان هناك رجل، شيخ كبير في السن، يسمى "الشيخ حمودة"، منهم من يقول إنه تخطى المئة والعشرين عاماً، ومرت دهورٌ طويلة منذ وُجِد، حتى إنه كان طريح الفراش، ولا يقوى على الحراك أو الكلام إلا قليلاً. وكان له أبناء كُثر، وكبار في السن، منهم من كان في السبعين أو الستين، وأصغرهم كان (وضّاح) في الأربعين من عمره، وكانوا يزورون أباهم ويُشفقون على حاله كثيراً، فليس هو في عداد الأموات، وليس هو في عداد الأحياء، مما أدى بهم يوماً إلى الاجتماع والتشاور في أمره.

يقول القُدماء: "ربما تكون روحه مُعلّقة في شيء"، وهي في قول الحديثين "ربما تكون لديه رسالة لم تُنجز بعد!"، فأجمع الأبناء أن يذهبوا لأبيهم ويسألونه إن كان يُريد شيئاً، أو يشتهي شيئاً مُحدداً، واتجهوا إليه ذات صباح وجلسوا حوله..

سأله أكبرهم (رقيط): يا أبانا هل تشتهي شيئاً؟ هل تريد منا شيئاً؟!

وتفاجئ الجميع أن الشيخ يُشير إلى ولده الأكبر كي يقترب منه أكثر وأكثر، ثم حاول أن يتكلم والابن يسمع بصعوبة، وكانت علامات الدهشة والاستغراب تبدوان على وجه الابن رقيط، وعيناه تتسعان أكثر، والإخوة يتساءلون فيما بينهم ما الأمر، ثم ارتفع رأس رقيط عن أبيه كأنه استلم الرسالة وجلس مُطرقاً.

سأله إخوته: ما الأمر؟! ماذا يقول أبونا؟!

قال رقيط: إن أبانا يريد الزواج! يُريدكم أن تُزوجوه!

كان أبعد طلب ممكن أن يتوقعه الأبناء هذا الطلب، تفاجؤوا جميعاً منه، إلا أنهم حاولوا أن يتمالكوا أنفسهم طالما هم في حضرة أبيهم الشيخ الكبير. جلسوا قليلاً، وعَدَوه خيراً، ثم قبّلوا رأسه، وبدؤوا يخرجون من البيت واحداً تلو الآخر؛ كي يجتمعوا بعيداً ويناقشوا أمره، وكان الاتفاق أنه طالما له رغبة في الزواج، فربما روحه مُعلقة بهذا الأمر، ولكن من سيزوجه؟!

قال أصغرهم وضّاح: دعوا الأمر لي، أنا سأدلكم على بيت فقير لرجل لديه بنات في سن الزواج، وسأذهب إليه غداً وآتيكم بالخبر.

وجاءهم في الغد ليخبرهم أنه التقى بالعم صالح، وأخبره بكل صراحة بالأمر.

قال وضّاح: قلت له إن أبانا شيخ كبير، ونحن نعلم ذلك، إنما كلنا نعلم أيضاً أنه اليوم من أهل الدنيا وغداً من أهل الآخرة لكبر سنة وشدة مرضه، وإن وافقت على تزويجه إحدى بناتك فسوف نُكرمها، وستحظى بالخير من بعده.

اقتنع العم صالح، وفعلاً أخبر زوجته وأكبر بناته (الروض)، التي ضحَّت بنفسها اليوم من أجل سعادة ورفاهية الغد. تهيأت العروس وأدخلوها على عريسها الشيخ الكهل، ومرّ الليل على العروس وزوجها كحال أي زوجين، وعندما انبلج الفجر تهيأت العروس، وعندما اقتربت من زوجها كان لا حِراك، مات الشيخ وفارقت روحه جسده فجر صبيحة يوم زفافه!

انتشر الخبر واجتمع الناس والإخوة، فاقترب منها أحدهم وسألها: هل حدث بينكما وطء البارحة.

قالت: لا.

تأكد منها عدة مرات، **ثم قال لها:** إذن لا عدة لك، والحقي ببيت أهلك ولك الكرامة.

خرجت الروض عائدة لبيت العم صالح، الذي تعجب من الخبر، وأسرَّت الروض خبراً في نفسها، وعادت بين أخواتها.

ما هي إلا أيام وتقدم جارهم (عابد) لخطبة الروض، التي كان يُحبها ويكتم ودّها في قلبه، وما أشد حزنه وويلاته عندما زُفّت للشيخ حمودة أبو وضّاح، وما أسعده بعودتها اليوم، لكنه لن يُضيّع الفرصة ثانية، لا يأبه إن كان الناس في عزاء أو غيره، طالما أن الروض لا عدة لها. اتجه للعم صالح طالباً يد الروض منه، وتم تحديد الزواج الأسبوع المقبل، وتمت الأفراح البسيطة في معالمها العميقة في روح الزوجين الروض وعابد. لم تنقضِ التسعة أشهر كاملة حتى ولدت الروض ولداً أسماه عابد (سيف).

كبر الصبي وولدت أمه أخا له (محمد) بعد عامين، وكانت الأسرة سعيدة والأمور هادئة، حتى أكمل سيف خمس سنوات، حيث كان يلعب مع الصغار في القبيلة، ويبتعد عن البيت أكثر، مما جعله معروفاً بـ (سيف بن عابد) بين الأطفال وأهلهم.

وكان ذات يوم عصراً يلعب مع الصبيان تحت الأشجار، حين مرّ وضاح بن حمودة على جمله بجوارهم وألقى نظرة العابر

مبتسماً للأطفال، ماسحاً بنظرته الخاطفة وجوههم التي توقفت وعادت للوراء قليلاً، لتثبت على الطفل سيف بن عابد من بين الصبيان. نظر وضاح للصبي أكثر كأن في الأمر شيء إنما لا يعرفه بالضبط، ثم انصرف عندما لاحظ ارتباك الطفل من نظراته، عاد لبيته وصورة الطفل لا تفارقه.

بعد أيام كان وضاح يُصارح رفيقه سعيد بالموقف الذي حدث بينه وبين الصغار وهم يلعبون، أنصت سعيد وهو صامت ولم يتكلم إلى أن انتهى وضاح.

التفت سعيد بملامحه الجادة ونبرته الحازمة **قائلاً:** اسمع يا وضّاح، أنت رفيقي ولن أُخفيك سرّاً، إن الناس تتناقل أخبار الطفل سيف بن عابد، وأنه يطابق أبناء حمودة رحمه الله شبهاً، وخصوصاً أنكم قد عقدتم يوماً قران أمه على أبيكم، وربما يكون هذا الطفل أخوكم وأنتم لا تدرون.

قال وضاح: ولكننا سألناها يوم وفاة أبينا وقالت أنه لم يطأها أبداً.

قال سعيد: والتيقن واجب، ربما لم تكن صادقة بسبب خوفها، أو ربما رأت خلاصها وحريتها بقول ما قالت لكم!

بدأ وضاح يُقلب كلام سعيد في حجيرات عقله، ويحاول أن يُقدر الموضوع، لكنه فضل أن يعرض الموضوع على إخوانه ليرى

بما يُشيرون عليه في ذلك، وكان رأيهم أن يذهب إلى عابد ويحضره ليخبره بواقع شكوكه، ولا غبار في الأمر؛ فالمرأة كانت زوجة أبيهم على سنة الله ورسوله، لكن عابد غضب من هذا الحديث الذي عمره تجاوز الستة أعوام، ربما كان معذوراً في غضبه، إلا أن جميع الإخوة أرادوا التأكد من ذلك، وحاصر الإخوة ورجال القبيلة ووجهاؤها عابداً في الأمر، وطلبوا التيقن والتحقق من الطفل، هل هو ابن عابد أم ابن الشيخ حمودة رحمه الله، وأجمع مجلس القبيلة على أنه يخرج كل من وضاح وسعيد وعابد وهارون وهو قاضي القبيلة ومعهم الطفل، وحل مثل هذا النوع من القضايا عند حكيم عُرف بعلم الفراسة يُسمى (بن عرّاف)، وكان يسكن جنوباً بمسيرة ثلاثة أيام من قبيلتهم.

ما ننطق العوجا ولا نبدي الشين

نـرقـا معـالي شـامخاتن منيفة

ونقدّر الطيـــب ونفداه بالزيـن

ولا نلتفت لأهل النفوس الضعيفة

تحرك الركب ومعهم الطفل، وساروا ثلاثة أيام بلياليها إلى أن أقبلوا على مشارف قوم بن عرّاف، واستبشروا خيراً بالوصول آملين الحل لقضيّتهم الغريبة، وسألوا الناس عن بيت الحكيم بن عرّاف، فنعتوهم إلى بيت متواضع جداً على أطراف القوم. وصلوا إليه واستأذنوا بالدخول، ووجدوا شيخاً كهلاً طاعناً في السن، ذا لحية بيضاء كالقطن، وغزت التجاعيد وجهه، وكان متكئاً على وسادة محشوة بالصوف، فسلّموا وجلسوا وبدؤوا يحدثوه عن قصتهم.

وبعد فترة من الاستماع.. قاطعهم عديّ بن عرّاف وقال لهم معتذراً: أخشى أن قضيّتكم حلها ليس عندي، بل أنتم تحتاجون أن تعرضوها على أخي الأكبر مني سناً، فهو أعلم مني وأحكم بكثير، مصبح بن عرّاف، وهو على مسيرة يومين شرقاً من مضاربنا!

علت الدهشة وجوه الحضور! أخوك الأكبر! وكيف سيكون هو إن كنت أنت على هذا النحو من الوصف والحال؟!

كان لسان حالهم يتحدث، شكروه على ضيافته وألقوا التحية وانصرف الركب شرقاً لبني عرّاف الأخ الأكبر، وصلوا بعد يومين وسألوا عنه، نعتهم المارّة عند البئر بأن بيت بن عرّاف معروف على يمين بيت الشيخ.

وصلوا حيث دلهم الناس، وألقوا السلام واستأذنوا بالدخول، فدخلوا وإذا بهم يستقبلهم رجل قدّروه في الستين من عمره، شعره يختلط في البياض والسواد باعتدال، قويّ البنية، منطلق المحيا بابتسامته الأخاذة وهدوئه الجم. استقبلهم وأحسن ضيافتهم، ثم بدأ وضّاح يعرض أطراف القضية التي يحملونها، والطفل نائم في حِجر أبيه، مُتعب من طول السفر، أكمل وضاح حديثه، إلا أن مصبح بن عراف ابتسم ابتسامة عريضة متمنياً أن يحصلوا على الحل قائلاً: "تمنيت المساعدة أيها الضيوف الكرام، إلا أن طلبكم عند أخي الأكبر مني، عبيد بن عرّاف، هو أكثر منا علماً ومعرفة ووعياً وحكمة، وهو يبعد عنا بمسافة يوم جنوباً للسائر باعتدال".

احتار الركب في أمرهم وقضيتهم المعقدة التي تأبى أن تُحلّ، ولكنهم بدؤوا بأمر ولا بد من إنهائه. ودعهم مصبح بن عرّاف وضربت الإبل الأرض جنوباً تطوي دروب الرمال والحصى الناعم في سهل منبسط تثبته أشجار السمر المتباعدة هنا وهناك، ووصل الركب لقوم عبيد بن عرّاف، الذي سألوا عن بيته فأرشدهم أحد أهل القبيلة وقال لهم متعجباً: "إن عبيد بن عرّاف هو سيد القبيلة، وبيته يتصدّر القوم".

رأوا بيتاً كبيراً تحيط به الإبل؛ دليلاً على كثرة الضيوف في مجلس القبيلة، وحياة في المكان أكثر من سابقيه، وأقبلت العير إلى بيت عبيد بن عرّاف، وكان في استقبالهم رجل شاب، من يراه كأنه في العقد الرابع من عمره، وكان وسيماً رشيقاً مُحتزماً بخنجر، تعلوه ملامح الحكمة والهدوء والجمال والنضارة والرضى، فاستقبلهم أجمل استقبال كأنه يعرفهم منذ زمن، وأكرمهم وأحسن ضيافتهم، وعندما جلسوا معه وعرضوا قضيتهم.

قال لهم: غداً بإذن الله أخبركم بحل القضيّة.

ثم خرج معهم إلى ركابهم ومعه لحاف، تعجب الجميع لحمله معه إلى مراح الإبل، ففرش الفراش باتساعه ثم **قال:** كل رجل منكم يفك عتاد ناقته ويضعه في هذا الفراش، كل العتاد الخاص بالمطيّة (الخطام، والمحقبة، والمحوي، والشداد والوسايد، كل العتاد).

قالوا: سيختلط العتاد ولا نميزه.

قال: افعلوا ما قلت لكم.

وأخذ كل رجل ينزل عتاد راحلته ويضعه في اللحاف، كلها، (عتاد أربع من الإبل مع بعضها)، ثم حزم اللحاف وجعله جانباً

من المراح وقال: أريحوا الركاب في مراحها، واستريحوا الليلة، ومن أصبح أفلح!

توجه الجميع بعدها إلى خيمة الضيوف؛ لينام الجميع فقد تأخر الوقت، وكما قال عبيد بن عرّاف: "من أصبح أفلح"، لعل الله يجعل بعد ذلك أمراً!

كان الفجر يأذن بالدخول بعد ليل هادئ طويل لم يعكّره إلا أفكار كانت تنتقل كوسوسة إبليس بين رأسي وضّاح وعابد وهما في فراشيهما من الصبي، وهل هو ابن عابد أم أخ وضاح؟! وهل كل هذا الرحيل يستحق العناء، أم إنه وهم في وهم وشك لا داعي له!

كانت هذه الأفكار تربت عليهما حتى لحقوا بركب النيام واستغرقوا في عالم الأحلام الآخر، في بُعد آخر من أبعاد الحياة التي نحياها ونحن لا نشعر ولا ندركها.

مع صياح الديك استيقظ البعض، ومع الحركة والنهوض وحنين الإبل استيقظ الغالب من أهل القبيلة، ومع أشعة الشمس استيقظ الجميع، قانون الحياة، حينها كان وضّاح واقفاً على مسافة من مراح الإبل متسائلاً عن سر خلط العتاد، ومراقباً لأشعة الشمس الأولى التي كانت مفتاحاً لحركة القبيلة وخروج الناس، قائلاً في نفسه: (عندما تبزغ الشمس سيظهر

الناس، وأنا أحتاج إلى أن أرى ذلك بمفردي، أو شبه مفردي)! هذه المقولة يتذكرها دائماً عندما كان فتى صغيراً يخبره بها أبوه حمودة.. (رحمة الله عليك يا أبت).. والتفت نحو الخيام ليرى عبيد بن عرّاف يشير إليه أن يعود للخيام للحديث والإفطار.

اجتمع الركب مع الحكيم عبيد بن عرّاف، وسألوه عن الحل.

قال: أولاً تُفطرون، ثم نتمشى قليلاً حول المضارب ونعود لمراح الإبل فهناك السر!

نظروا لبعضهم البعض، وتناولوا إفطارهم الطيب، من تمر وحليب وخبز وبعض العصيد المُعدِّ خصيصاً للضيوف.

كان عبيد يقول وهو يسير بينهم: "إن حدود قبيلتنا من على مسافة يوم في كل اتجاه غرباً وشرقاً وجنوباً وشمالاً، ولكل شيء حِمى وحدود، يسميه بعض الناس الحرم، أي إنه حد يحرم تعديه واختراقه بدون إذن وموافقة صاحبه.

قال وضاح في نفسه: (وما لنا وحدودك يا شيخ، نريد حلَّ قضيتنا فحسب).

ثم أردف بن عرّاف قائلاً: وإن لكل إنسان حِمى، وكل إنسان في ذاته حرم، لا يحق لأحد اختراقه، وأعني اختراق خصوصياته وحقوقه الخاصة من أفكار ومشاعر، لا يحق لأحد في العالم

اختراق عالمك الخاص وحرمك، وهذا في أصله فقه كلمة الاحترام، لو أن كل إنسان عمل بهذا المفهوم، واحترم كل إنسان حدود الآخر وحرمه لعاش الناس بسلام وأمان.

الكل كان منصتاً، مأخوذاً بفلسفة بن عرّاف عن الاحترام.

قال عابد: والله يا شيخ صدقت، لكن من يصل إلى هذا المفهوم بسهولة؟!

كان هارون منصتاً رائعاً، وقاضياً عادلاً منصفاً يحب أن يتعلم الكثير، فكان يُصغي بكل جوارحه للحكيم عبيد بن عرّاف.

قال هارون: يا شيخنا، إن الناس يعيشون على العادات والموروث الفكري ممن سبقوهم ثقة بهم، وإن كانوا أحياناً على غير الصواب، ولقد صدقت، لو كان كل إنسان صادقاً مع نفسه ومن حوله ويحترمهم وحدودهم لكنّا في خير كثير.

قال عبيد: الله الله يا إخواني في الصدق، فالصدق منجاة، والاحترام يجلب الود بين الناس.

كانوا قد وصلوا إلى مراح الإبل، وارتفعت الشمس أكثر وبدأ قلب وضاح وعابد في تنافس بالخفقان، هم يقتربون من الحكم الآن، ها هم في مضارب الإبل ولا يعرفون الآتي من مفاجآت بن عرّاف. **وصلوا إلى اللحاف الذي حُزم فيه العتاد، فنادى عبيد بأعلى صوته: يا المُهر!**

فجرت من الخيمة فتاة صغيرة ذات الاثنتي عشر عاماً..

اتجهت إلى بن عرّاف قائلة: لبيك يا أبي!

قال: يا ابنتي، فكي الصُّرة وانشري العتاد، وارفعي على كل راحلة عتادها.

وبسرعة شرعت المهر في فك الحزام ونشرت اللحاف وأخذت تأخذ العتاد قطعة قطعة، وترفعه للرواحل بعينها دون خطأ، حتى هيأت كل الرواحل بعتادها، والرجال ينظرون في حيرة من أمر هذه الصبية الفطنة.

ثم قال عبيد للرجال: هل أنتم مستعدون للرحيل؟

قالوا: نعم، ولكن أين الحل؟!

قال: صبراً!

ثم التفت إلى المهر **وقال لها:** أعطي كل رجل خطام راحلته.

فكانت تأخذ الراحلة بخطامها وتنظر في الرجال وناولت كل رجل خطام راحلته دون خطأ! تعجبوا جميعاً من ذكاء هذه الفتاة الصغيرة وفراستها.

ثم قال لهم: امتطوا رواحلكم، فامتطوها جميعاً وظل الطفل سيف واقفاً لوحده.

قال عبيد: يا المهر خذي الطفل وناوليه لأبيه.

نظرت في الطفل وحملته ثم نظرت في وجوه الرجال والتفتت لأبيها قائلة: ليس له أب!

ارتاع عابد، وارتجفت فرائصه.

قال عبيد للمهر: ومن له من الرجال؟!

نظرت ثانية في وجوههم **وقالت:** يا لأبي للطفل أخ!

ارتاع وضّاح وخفق قلبه بشدة.

فقال عبيد: ناوليه لأخيه.

فأخذته وناولته وضّاحاً من بين الرجال!

كان سعيد وهارون في دهشة من فراسة عبيد بن عراف التي ورّثها لابنته الصغيرة.

قال عبيد بن عرّاف: هل عرفتم الحل؟!

قالوا: نعم، ولكن زدتنا حيرة فيه، فكيف عرفت الصبيّة العتاد والرواحل وأصحابها وميزت الصبي وحلت كل هذه العُقد؟!

قال بن عرّاف: فأما العتاد فكل راحلة لها رائحتها الخاصة في عتادها، وأما أصحابها فلهم ريحهم التي علقت برواحلهم، وأما الصبي فإن للشبه عند أهل الفراسة تحليل وعلم دعوه لهم، فهذه ابنة بن عراف، وامضوا بحفظ الله ورعايته إلى دياركم مع صغيركم سيف بن حمودة، وتذكروا شيئاً مهما:

"البقاء في الخارج مناسب في أغلب الأحيان.. في بعض الأوقات، الأماكن، الأحداث، القلوب.. الأفضل أن تبقى بمكانك في الخارج!"

من ضامــته الأيــام لا بـد يــصبر

عسى سعـود الحظ تأتي بخيــــره

وعـسى نجــومه بعد الآفال تنــور

ويلمع بها نــجم السعد والسريـره

- أذكر أنهم رحلوا شمالاً وغبار خفوف الإبل يتطاير فرحاً بالعودة، وجئتكم من هناك! قالت الجدة وهي تنهي رواية أحداث القصة الشيقة.

كان عبدالله قد انسحب في وسط الأحداث لكي ينجز أعمالاً له، خاصة أنه قد سمع هذه القصة من قبل، ولطيفة تشاركهم في الجلوس وقد غرفت بعض الأطباق من طعام الإفطار أمام الجدة فطوم وعليا التي أخذتها أحداث القصة بعيداً جداً، **سائلة جدتها**: يا جدتي، تعجبت من الإخوة بني عراف، فقد كان أكبرهم سناً أكثرهم شباباً وصحة وحكمة.

أجابت الجدة وهي ترشف فنجاناً من القهوة: يا عليا، العلم نور، وكلما كان الإنسان على علم ووعي فهو يلجأ للهدوء والبساطة والعفو والتسامح، بل يطبق علمه عملاً في كل حياته، فيكون قلبه مطمئناً وروحه في سكينه ونفسه جميلة، وكلما كان جميلاً نظيفاً رائعاً في داخله، انعكس ذلك على خارجه وجسده، فالخارج يعكس الداخل.

قالت لطيفة: سبحان الله، إذن فالحكيم دائماً في خير! وتابعت: قرأت في كتاب عن الحكمة في الشرق، وكيف أن الحكماء في جبال الهيمالايا والتبت والرهبان يبدون أصغر من سنهم بكثير، وأنهم ربما يتخطون المائة عام، ويُقدّرهم من يراهم كأنهم في الخمسين أو أقل.

قالت عليا ولقد لفتت انتباهها لطيفة بحديثها: كيف ذلك؟!

قالت لطيفة: إضافة لما تفضلت به خالتي فطوم من حرصهم على الهدوء والعلم والسكينة والأخلاق العالية في تعاملهم، فإنهم لا يأكلون إلا الطعام الحي.

فتحت عينيها عليا: حيّ؟!

ضحكت لطيفة وقالت: أعني الطعام الذي جاء من الأرض مباشرة، مثل الخضروات والفواكه والحبوب والحليب واللبن،

ويأكلون القمح وخبز الشعير. هل تعلمين يا عليا أنه طعام النبي عليه الصلاة والسلام؟!

قالت عليا مُندهشة: كيف؟!

قالت لطيفة: صحيح، وكما قيل:

أبو بكرٍ كذا الفاروق منا	ومنا خير من وطئ الترابا!

لقد كان النبي عليه السلام لا يوقد في بيته ناراً لثلاثة أهِلّة، كما ورد من حديث عائشة رضي الله عنها، أنها قالت لعروة ابن أختها: إنا كنا لننظر إلى الهلال ثلاثة أهلة في شهرين، وما أوقدت في أبيات رسول الله صلى الله عليه وسلم نار!

الناس بسطاء التفكير يظنون تفسير الحديث فقراً، وما كان النبي فقيراً قط! وعلماء التغذية عندما تطرقوا لتفاصيل الحديث الشريف وجدوا أنه إعجاز في حّد ذاته، بل تنظيم غذائي واستشفاء للجسد، بل إنه كان برنامجاً منظماً بسيطاً سهلاً لكل من أراد تطبيقه.

قالت عليا: أثرتِ فضولي يا خالتي، وكيف هو البرنامج؟!

قالت لطيفة وهي تتباطأ في حديثها؛ لكي تلفت تركيز عليا كاملاً: كل أيام الشهرين يُطبق فيها نفس البرنامج اليومي، ألا وهو

"في الفجر كان النبي عليه السلام يتناول كأساً من ماء مذاب فيه جيداً ملعقة من عسل وملعقة من زيت الزيتون، ثم يصلي الفجر ويعود بعد الشروق ليتناول سبع تمرات مغموسات في الحليب، وبعد صلاة الظهر كان يتناول خبز الشعير مع إدام، أي يغمسه في إناء يحتوي على زيت الزيتون وقطرات من خل البلسمة، وبعد صلاة العصر كان يتناول بعض الخضار مثل الجزر الأحمر والشبت والبقدونس، وبعد صلاة العشاء يتناول بمقدار كفّ من خبز الشعير مع اللبن الرائب، الذي يسميه الناس هذه الأيام (الزبادي)، وأهم فوائد هذا البرنامج أنه يشفي (الكبد الدهنية)، التي هي السبب الرئيسي في عملية تسريع أو تبطيء هضم الطعام، وينظف الجسم من السموم، ويشفيه من الأمراض.

قالت عليا: ما هي الأمراض التي يشفيها مثلاً؟!

أجابت لطيفة: كان مؤسس علم التغذية العالمي يعاني من مرض السرطان في العظم، وكان منتشرا بنسبة 90%، وكان وزنه يصل إلى 130 كجم، وعندما كان يُشرف على دراسات أحد الطلبة المصريين المسلمين شرع في تطبيق البرنامج الغذائي للنبي عليه السلام، وطبّقه على مدى ثلاث دورات للأهِلَّة، يعني كرر البرنامج ثلاث مرات متتاليات لمدة ستة أشهر، مما كان له بالغ

الأثر على حياته، حيث شُفي تماماً من مرض السرطان، وصار وزنه 70 كجم! بل إنه أعلن إسلامه، وبدأ ينشر النظام في المؤتمرات العالمية التي تُقام في دراسات علم التغذية وآخر أبحاثها.

كانت عليا مأخوذة بالحديث الرائع وتتساءل: وأنظمة الريجيم التي تملأ الكتب والعيادات والمستشارين؟!

تابعت الجدة لتُنهي حيرة عليا: يا حبيبتي، الناس لا يحيون، الناس يكتفون فقط بأن يعيشوا، وشتّان بين الحياة والعيش، الله عز وجل هو العادل، وقد أرشد البشرية في أول كلمة من الوحي لمحمد عليه السلام "اقرأ"... يا عليا الناس مثلهم كمثل رجلين، كل رجل له بيت، وتحت كل بيت كنز مدفون، والكنز عبارة عن (المال، والدليل، والذهب، والكتاب)، كان الرجلان يجلسان في بيتيهما، أحدهما قام وتحرك وتحرر من الاكتفاء بالجلوس، فأمسك المعول وبدأ يحفر في الأرض حتى وجد الكنز، فأحسن مسكنه وثيابه وطعامه، واشترى المزيد من الكتب واحتفظ بدليل خرائط دروب الحياة، فكان يستعملها كل يوم وكانت حياته طيبة، أما الرجل الثاني اكتفى بالجلوس والتذمر بفقره ولوم الآخرين على حاله وتقصيرهم فيه، وحسداً للرجل الذي كان ينتقل من غنى إلى أكثر! الكل يا عليا يملك كنزاً، لكنه

لم يكبد نفسه عناء الحركة والتحرر والبحث، كل إنسان هو المسؤول مسؤولية كاملة عن حياته!

ارتفعت الشمس كثيراً واستأذنت الجدة لصلاة الضحى، كذلك لطيفة أرادت الإشراف على الأعمال المنزلية بنفسها، وعليا أمسكت بالهاتف لكي تطمئن على أمها وأحوالهم وتُطمئنها على الجدة الغالية فطوم.

مرّ النهار هادئاً ونامت الجدة قيلولتها، كذلك الجد راشد، الذي كان يخرج العصر ليذهب في سيارته الـ(كروزر) المكشوفة إلى حظائر الإبل كعادته، وما يسميها البدو (العزبة)، وهي منطقة برية مخصصة لحظائر الإبل، وبعض البيوت الخشبية للعمال القائمين على رعايتها "الرعاة"، وربما تكون العزبة خالصة للإبل. كذلك النساء في القرية، تتابعن الحلال من شياه وماعز وأبقار في عزبهن الخاصة، وها هي سيارة لطيفة تتحرك نحو عزبة الخالة فطوم، وعليا أصرت على الركوب في السيارة من الخلف لكي تتمسك بأطراف السيارة والهواء يهاجم وجهها هي وابنة خالها عذيجة، والصغار كعادتهم حين يذهبون في هذه السيارة.

كان الغيم يتسابق في السماء. فتارة يغطي الشمس، وتارة يكشف عنها، مما دعا لطيفة لمد الفراش في أعلى التل تحت

شجرة الغاف من الشرق طلباً لظلها الذي يمتد شرقاً كلما انزاحت الشمس غرباً نحو المغيب!

الصغار يركضون ويمرحون بالثرى بعد المطر، وأصوات الأغنام القادمة من بعيد من جهة المرعى والحُملان وثُغاؤها يملأ المكان طلباً لأمهاتها.

وعلى الفراش وضعت بعض الفواكه والقهوة والتمر لمن يشتهي ويريد (قهوة العصر). كان الجو رائعاً! فأشارت فطوم إلى تل كبير جهة الشرق وهي تقول: أترين هذا التل يا عليا، كانت أمك وهي صغيرة بعمر الستة أعوام تسير على أثر جدها الذي اعتاد كل عصر يذهب ليُعيد البعير "الظاوي" من المرعى، فكانت تسير معه سلامة، ثم يفك قيد البعير ويُركبها على ظهره ويقود الظاوي إلى مراحه.

مدّت عليا بصرها حيث تشير جدتها وهي ترى خيال البعير وعليه طفلة منكوشة الشعر تلاعبه نسائم الرياح اللطيفة، وشيخ طويل ممشوق القوام، قوي البُنية، على رأسه قترة وخزام، ويحيط بطنه بحبل مثل قيد الإبل، كانت تراه كما وصفته أمها ذات يوم! وعاد الجميع إلى البيت ليتم إعداد العشاء وتناول الدواء، ويحلو السمر قليلاً مع الأجداد، ثم ينسلّ

الجميع إلى مراقدهم طلباً للراحة، وتحسبا للنهوض قبل الفجر، حيث يكون وقت البركة والاستغفار والسكون والبهاء.

الفجر في البادية من الأوقات المُقدّسة لجميع الكائنات الحية من أرض ونبات وحيوان وإنسان، في الفجر سلامة لا تُنسى طقوسه أبداً، تذكره تماماً كأنها تقف على باب الخيمة، وعينا الطفلة تراقب الأحداث والحفل الصباحي المعتاد، تراه الآن وترى جدها وأباها راشد حين كان شاباً وهو يساعد والده الشيخ حمد وهو يشد مئزره مشمراً عن ساعديه يضع الطعام والعلف للإبل وهي تجتمع عليه، وراشد يقف حاجزا بعصاه بين الإبل حتى ينتهي الجد من الإعداد كاملاً، ثم يُفسح المجال للإبل كي تهجم على "المطاعم"[1].

صوت حنين الإبل ورغاء الجِمال الذي يملأ المكان، وغُثاء الأغنام، وها هي نفس الطقوس ناحية الشرق من التل، حيث تقف جدتها مع قطيع الأغنام، وخوار البقر أبعد قليلاً حيث كانت حظيرتها في أسفل التل من الشرق، صورة لن تُنسى، فما زال الأشخاص والألوان والأصوات ورائحة القهوة التي كانت تُعدها أمها، والظو والفجر في تناغم جميل رائع، الحياة صور

____

[1] أوان ضخمة من الألمنيوم مستطيلة الشكل تملأ بالعلف.

وأنت صورة منها، فكن أجمل مشهد يمر على الأرض وأنت تسير
عليها.

يـا نـاشـد عنّي وتبغي عـلـومي
أنا علومي ما بها من جـــدايد

أنا عشـيق البر من يــوم يومي
وأقضي حياتي بين صايد وفايد

وأحب شـوف اللي بالسبال تومي
أم الحـوير في ريـاضن بعـــايد

وبيت الشعر يجلي حشايد همومي
لا شـيدوه بـكل عـــالي ونـايد

وأحب بدرن فق كل النجـومي
زينه يزهى لبس مـاس القلايد

على النقا مع وافيات السلومي
عهدن نصونه والليـالي مدايد

عيال الظبعة

أقفت سموم القيض مع جّوه الحـار

وأقبل سهيل يزّف بعلـــومه الخيـر

يا ألله تعـوضنا بـغيـثك والأمـطار

وتـزهي فيـــافي دارنا بـالمخـاضير

وتـفرج لعينٍ عايفة شـوف لمدار

ويسّرها شوف الريـاض المزاهير

روضٍ يشـوق شـوفها كـل مسبار

مـتشابكٍ فيها النفل والنواويــر

والصـيـد فيها بـين ذايـر ونيّـار

مستخليه بين الوطا والدعـاثير

هـاذيك طلبة خـاطرٍ بات محتـار

بـين الرجـا واليـاس يضرب تفاكير

ممسي الخلا طب التعاسة والأضرار

واضحاه ما يسواه جمع القناطيـــر

استبشروا بسهيـــل بـــدوٍ وحضّار

راعي الإبل حوّش وساق المظاهيـــر

وتبـــاشروا بـــه كل قـــانص وصقّار

اللي ولعـهم في الخلا هـــدّة الطيـــر

كانت عليا تسجل قصيد جدها راشد في تطبيق التسجيل في جوالها، وربما تسجل في روحها هذه الحقبة الزمنية؛ التي إن مرت لا تعود بكل تفاصيلها. اتكاءة جدها، وصوته العذب، وكلماته الرائعة، ومعانيها العميقة، ورائحة الخيمة الدافئة، تفاصيل لا تتكرر أبداً، حتى في هذه الخيمة لاحقاً لن تتكرر؛ فاللحظة التي تحياها الآن هي التي تملكها، فإن انقضت فوداعاً لها، ومرحبا بالتي تليها. وهذه اللحظات بترابطها وتتاليها تُشكّل قطارات الحياة التي لا تتوقف، فالعابرون لا يتكررون، والراحلون لا يعودون، وعليا هنا تحيا اللحظة، فلا هي تملك ماضٍ ولا مستقبل.. هي أدركت تماماً أنها سيدة لحظتها.

وراشد يتكئ على إحدى المساند في خيمة الظلّ ذات صباح، ولطيفة تُدير فناجين القهوة والحليب الساخن والتمر بين

الحضور الطيب الهادئ، تضع الزنجبيل مع الحليب لجلب مزيدٍ من الدفء للجسد في هذا الشتاء الرائع، وهي تتثاءب كأن ليلها كان متقطعاً.

قالت عليا: خالتي، هل نمتِ جيداً البارحة؟!

فالتفتت لطيفة لعليا ونظرت إليها متعجبة من ملاحظتها، منزعجة من نوم الليل: لا والله ما نمت جيداً! وأنا بين مهرة وحمد، حكموا عليّ بالنوم على ظهري وفرد يدي، وكل واحد منهم توسّد ذراعاً.

ضحك الجد راشد بملء فيه وقال: صنعوا بك صنيع عيال الظبعة!

قالت: نعم والله يا عم، لقد أصبت، "عيال الظبعة".

كانت عليا تنقل نظراتها بين جدها وزوجة خالها، كأن بينهما كلمة سر خاصة بالوضع الذي عانت منه لطيفة ليلة البارحة. ولكنها بادرت قائلة: ومن هم عيال الظبعة يا جدي؟!

ضحك الجد راشد وقال: هذه قصة طويلة، وأنا مستعجل للذهاب لعزبة الإبل بعد قليل.

قالت عليا مُلحة: أرجوك يا جدي، احكِ لي قليلاً منها ولا تتركها في بالي لغزاً!

ضحك جدّها من قولها وهو يلاحظ الفرق بين عليا وبنات خالتها اللواتي يتجه شغفهن إلى التلفاز والبرامج والأجهزة الإلكترونية، فحين يفكرن في الزيارة تكون زيارتهن هادئة جداً وصامتة، حيث إن كل واحدة تنظر في جهازها المحمول من هاتف أو (آيباد) أو غيره، حتى **قال لهن يوماً:** "يا بناتي، ارفعن رؤوسكن، اشتقت أن أرى ملامح وجوهكن الجميلة "!

وقطع نظرات الرجاء من عليا **قائلاً:** كان هناك رجل يعيش مع أمه العجوز وصغيريه (بنت وولد). وكانت زوجته مريضة طريحة الفراش، لم يمضِ عليها الوقت طويلاً حتى توفّاها الله، ورحلت تاركة صغيريها عند أبيهم وجدتهم، وفي حفظ الله، وهو خير حافظ.

يا أمي يا أجمل لفظ بالكون موجود

يـا أغـلـى وأول كلمة قـالها لسـان

يا جنـة بـدنيـاي مـا تعرف حـدود

يـا من أنـا في ناظرك أعـظم إنسان

كـل الأمـان بـدنيـتي صـار مفقـود

إلا بـحضـنك لـه مـراسي وأوطـان

وكل الحنان بدنيتي صار محدود

إلا بقلبك بحر من دون شطآن

كل ما أشوفك جد لي عمر مولود

وتبدَّدت آلام روحي والأحزان

وأسمع صدى صوتك كما نغمة العود

ينثر بوجداني صداه أعذب ألحان

وأحس في لمسة يدينك ولخدود

مثل النسيم اللي تعانقه الأغصان

لمسة وفا.. لمسة حنان بها تعود

روح الطفولة والصبا مثل ما كان

لله درك.. منهل الحب والجود

عن وصف فضلك تعجز الإنس والجان

لو كان فضلك غيث با تنبت ورود

وسط الصخر وتحول البيد ريضان

يا مضحية في بيض الأيام والسود

لولاك أنا ما صار لي قدر وشان

ومازلت من مولاي برضاك موعود

ألقى بعد موتي معزّة ورضوان

ساد الحزن على البيت خاصة أن الأم وهي عمود البيت انهار، ولكنها سنة الحياة التي تمضي في الأولين والآخرين، وعادت الحياة في استمرارها كالعادة؛ فهي لا تقف عند قدوم أحد أو رحيله، ها هي الماعز متفرقة في المرعى النضر هنا وهناك، والصغار يتبعون أمهاتهم من النعاج والشياه في نهاية الشتاء، وثبات الأشجار واخضرار العشب وجمال النسيم، وكانت (اليازي) وأخوها (غانم) يقومان بالرعي كل يوم من الصباح، ويقضيان فترة المقيل تحت شجر السمر الوارف، ويفسحان المدى للأغنام والماعز لتنال أكبر وقت ممكن من الرعي (كأنه تعويض عن فصل الصيف الماضي، واستعداد للقادم).

وعند انكسار الشمس من عمودها غرباً، وقبل الأصيل يكون القطيع المتواضع يُشرف على حظائره حول البيت، ليتسابق الصغيران بعد إيداع الماعز والأغنام في الحظائر إلى جدتهم التي تُعدّ لهم كل يوم القرص على الجمر، ويبحثان في الرماد ليخرجاه حاراً، ويتناولانه مع الحليب الساخن كوجبة عشاء، مع بعض القصص الجميلة التي تحكيها الجدة، وفي حجر والدهما يُمسيان، ليحمل غانم إلى فِراشه، وتتبعه اليازي تسحب جسمها النحيل لتلتحف مع أخيها، وترحل أرواحهما عبر الأثير إلى أن يأذن الله برجوعها فجراً.

زاح الكرى من موق عيــني   يا مرحبـا بطيـفٍ لفــاني

ترحيـب مـن فـارق ضـنينِ   رحبت بـه ترحيـب عـاني

مبعد ومشقّني حنيـــــني   قلت: الخبر! قـــــال: المكانِ

ظـالم ولا ينصف سنيـــني   قلت: العلم! قال: الزمــانِ

كانت الأيام تتوالى على هذا النحو، إلى أن قرّر أبو غانم أن يتزوج، فأخبر الجدة بالأمر، وسأل عن امرأة كانت مُطلقة وليس لها أولاد، وخطبها وتم الزواج، والأطفال يعيشون الأحداث مثل الجميع.

ومرت الأيام إلا أن الروح التي دخلت البيت لم تتناغم مع كل الأسرة خاصة الصغيرين، كانت تُبدي الحنان أمام الأب لهما، لكن هيهات.. فأرواح الأطفال أكثر شفافية من أن تُخدع بمعسول الكلمات، بل لاحظا نفاقها وشعرا به، وكان المرعى أحنّ عليهما من الخيمة، وأوسع لهما من قلب زوجة أبيهما الخبيثة.

كانت تحيك شباكها بقوة حول زوجها، ومرت الأيام وبدأ الناس يرحلون طالبين أراضي الكلأ والماء، وقال أبو غانم كذلك: "ربما نرحل نحن قريباً"، كأن فكرة صعقت الزوجة، وزادت بصيرتها ظلمة وسواداً، فهي تُفكر في الخلاص من الصغيرين.

وكانت تُكثر الحديث أمام زوجها عن الفقر وعسر الحال والمسؤولية على كتفيه، مواسية نفسها بهرم العجوز ودنوّ موتها، لكن كانت مشكلتها بالصغيرين، ماذا ستفعل بهما؟! وكيف ستتخلص منهما؟! وأتتها فكرة شيطانية بالرحيل دونهما، وكانت توسوس في عقلها فكرة الرحيل بدونهما بقوة، بل رتبت الأمور.

وفي ذات يوم..

قال الرجل لأمه: سنرحل غداً بعد ذهاب الماعز إلى المرعى.

فقالت الجدة: والصغار؟!

قال لها: لا عليك، سنرحل نحن، وستلحق بنا زوجتي والأولاد، وذلك لراحتك وطول السفر، سنرحل صباحاً وهي ستنتظر عودتهما لتأتي بهما كما اتفقت معها، فالقوافل تتابع بمراحل والأمور طيبة...

توجست الجدة في نفسها خيفة، فالوضع غير مطمئن، وليس مُريحاً بالنسبة لما يدور حول أحفادها، ولكنها تحت إصرار ابنها وإلحاحه؛ وضبّت عّدة السفر وحاجياتها، وكانت صباحاً في طريق القوافل على راحلتها، تاركة قلبها مع حفيديها اللذين خرجا مع طلوع الشّمس إلى المرعى بقليل من الماعز، وباقي القطيع حجزته زوجة أبيهما لتنفذ مكرها وترحل بعد ابتعادهما عنها.

رفعت ما تبقى من حاجيات، وحزم بعض الرجال الخيمة، وتحركت باقي قافلة أبي غانم في دروب الرواحل، والصغيران في المرعى مع بعض عنزاتهما!

انقضى النهار وعاد الصغيران متلهفين إلى جدتهما، وجائعين بعد نهار طويل من السير على الأقدام، وجرياً هنا وهناك خلف الماعز المتمردة اليوم؛ لغياب رفيقاتها في الحظيرة التي وجدوها فارغة عند عودتهما، لم يريا خياماً ولا حظيرة ولا بيتاً!

"جدتي.. جدتي!"، كان غانم واليازي يناديان، ودخل فيهما الفزع، وأخذا يبكيان متكورين حول الموقد الذي كان رماداً.

ولكن فجأة تحركت اليازي، وأخذت عوداً غليظاً من الخشب وأدخلته في قلب الرماد، وبحثت قليلاً لِتُخرج القرص الذي أعدته لهما جدتهما قبل رحيلها.

قالت اليازي: غانم، أظن أنهم رحلوا مثل القوم ونسونا، ولكننا سنأكل قليلاً ونلحق بهم، ما رأيك؟!

وافق غانم وهو يمسح دموعه ويحاول أن يُفارق إحساسه العارم بالبكاء، فزحف نحو أخته في التراب وجلسا حول الرماد يأكلان كسرة من القرص، ويدسان الباقي في صرةٍ يودِعانها في الخرج الذي تحمله اليازي دوماً في رعيها للغنم، الذي حملته على ظهرها، وأمسكت بيد أخيها واتجها مع الماعز إلى طريق القوافل،

وكانا يسيران ويتوقفان بين الفترة والأخرى، وذلك لأن غانم كان تَعباً من مسير النهار، وها هو يُلحقه بالمسير مساءً.

طال المسير، وغربت الشمس، وكان الطفلان فقط يسيران، إلى أين؟! لا يعلمان شيئاً، فقط يسيران، وطال المسير، وكان غانم يبكي ويسكت، أما اليازي فكانت تتمالك نفسها، وتخفي دموعها في ظلام الليل الذي كان قد أسدل ستاره على البادية، ليزيد معيار الخوف والفزع في قلوب الطفلين التائهين في صحراء الرحيل. لم تكن هناك معانٍ، اختلاط المفاهيم يحدث أحياناً حين تُقلب الموازين، ويخل بالقوانين وتتعطل المشاعر عند الناس، كأن الصحراء تقول:

ما نشدت الشمس عن معنى الغيـــاب

علمتنا الشمس نرضى بالرحيـــــــل

واستمر الطفلان يسيران واليازي **تقول لأخيها**: "هل ترى البدر؟! إنه جميل.. تراه كيف يُنير لنا الطريق! هناك أمي..".

لا عوض عن الأم أبداً، لا بديل لحجرها وحضنها وصوتها ودفئها أبداً، أمك ثم أمك ثم أمك، **قال الأولون**: "الذي يفقد أباه

فهو يتيم، أما الذي يفقد أمه فهو لطيم، تتلاطمه الأيدي والألسن والأيام.

كان غانم ينصت لأخته وهي تلاطفه: "هل تذكر كيف كانت تغني لنا أمي ونحن صغاراً؟! وبدأت اليازي تترنم بأنغام أمها..

سي دودوه سـي وح وح	يـانا كليب ما يـــــنبح
سي دودوه سـي وح وح	يـانا كليب مـــا ينبح
الله الله عـلى الـــــولي	خلى غـــــانم يستوي
خـــله يمشي في الحوي	يجيب مـويهة من الطوي

و أكملت وهي تسلي غانم وتغني له:

هـــتي يـا بـابـاه	هـات الحبوه حـــق ماماه
تاه تاه حــــبوه مـشى	سـابق أمه على العشا
زقـــروا غـــــانم للعـــشى..	

وانقضى شطر من الليل والطفلان يسيران، حتى تمكن منهما التعب والماعز طلب الأرض فجلس الجميع أعلى تلة متوسطة الارتفاع، ووضعت اليازي الخرج كوسادة وتمدّد غانم واضعاً

رأسه الصغير عليه، بينما جلست اليازي قليلاً، ثم مشت على التل تنظر نحو البدر وضوء النجوم حتى كادت ترى ضوءها على الأرض، نعم إن ضوءاً على الأرض على يمينها، كانت تتأكد من رؤيتها جيداً حين أبصرت ضوءاً يصدر من بعيد، ربما كانت قافلة أبيها، أسرّت في نفسها أن ترتاح بجانب أخيها ومعزاتها ثم قبل الفجر يستيقظ الجميع ويتجهون نحو جهة الضوء قبل رحيل القوم، فاستسلمت اليازي للتراب الذي كان يتحول إلى فراش لها، واستغرقت في نوم عميق تحفّه براءة الأطفال وحسن ظنهم بالجميع وأرواحهم الطاهرة.

تدري وش اللي يجرح القلب جرحين

ويـمد حبـل الـحزن فيك ويـشدّه

أنك تناظر طفل يتيم من غير أبوين

يـمشي ودمـعه سايلٍ فـوق خــدّه

منظر صعيب ويقسم القلب قسمين

لا قـام يمـسح دمـعه بكف يـدّه

يمشي ولا يدري طريقه على ويـــن

لـين التعب مـن كثر ما تــاه هدّه

أثقل حـروف يشيلها فيه حـرفين

لا أب يـدري بـه ولا أم تـردّه

في خـطوته رحـلة ودمعة وسكيـن

وحـظّ تـوسدّ بـالمراسي مـخدّة

جيت أسأله بالله قلّي ولد ميـن؟!

وبغى يجـاوب واختـنق صـوت رده

أنـا يتيـم وما لـدربي عناويـن

وجـزر الحـزن فيني يـساوي لمـدّه

وطعم الطفولة ما عرفته لها الحين

وثوب السعـادة صرت ما ني بقده

أبكي إلى من شفت غيري سعيـدين

لين الـبكا فيني يـوصل لحـده

وأقفى ورحت أمسح دموعي من العين

وعـيني تناظر دمعتـه فـوق خده

وهـذا هو اللي يجرح القلب جرحين

ويمدّ حبل الحزن غـصب ويشدّه

كانت اليازي وأخوها والماعز يحثون السير قبل الفجر نحو
ضوء البارحة، آملَين أن تكون قافلة أبيهما وجدتهما الحبيبة،
وكلما اقتربا أكثر كان الضوء يكبر أكثر، وملامح الأرض تتضح

تدريجياً، إلا أنها ليست خيالات الإبل والهوادج وأقفاص الطيور التي تحملها القوافل، كانت ملامح شجرة الغاف العملاقة والتي تحتضن تحتها بيتاً متواضع قد أشعلت النار أمامه، حدثت اليازي نفسها: (كله خير، سأسأل أهل الدار إن مرت بهم القوافل، ولابد من خبر لديهم فهم على الطريق).

وحين وصل الأخوان كانا يناديان: "هود، هود! هل في الدار من أحد؟"

وكانت الإجابة صمت كأنه الوجوم القاتل، ثم يُطلّ خيال كبير متلفع بالسواد، وإذا بها الضبعة التي كانت تتنكر وتلبس الثياب وتتكلم، والأطفال يظنونها عجوزاً طيبة كطيبة جدتهم الراحلة. **فقالا:** السلام عليكم يا جدتي.

برقت ابتسامة بطرف وجهها **وقالت:** مرحبتين بعيالي اللي ما تعبت علييهيم، مرحبتين بعيالي اللي ما تعبت علييهيم[1].

فرح الصغيران باستقبالها وترحيبها، ولا يعلمان ما أسرت في نفسها، ولا يدريان في أي مصيدة دخلا بأقدامهما الصغيرة، فما كانت إلا ضبعة ساحرة يعرفها أهل البوادي، ويحرصون على الابتعاد عن أي طريق يؤدي إلى مسكنها وأراضيها.

---

[1] أي: مرحباً بأولادي الذين لم أتعب في ولادتهم أو تربيتهم.

طلبت منهما الدخول والمكوث معها إلى أن تمرّ عليهم قافلة أبيهما. وفعلاً كانت فرحة وفرصة لهما أن يجدا أحداً يهتم بهما بدلاً من ضياعهما وحيدين مع المعز في البرية. جلسا يستريحان ثم أكلا باقي القرص الذي كان في خرجهما.

ثم **قالت الضبعة:** الآن أريدكما يا أحبائي أن تذهبا إلى ذلك المكان (حيث تُشير بيديها)، واجلبا معكما حطباً لموقد النار لأطبخ طعام الغداء، لابد أنكما جائعان يا صغيريَّ الرائعين!

ابتسم الصغيران، وناولت غانم حبلاً أخضرّ، **وقالت له:** أريد حطباً أخضر. وناولت اليازي حبلاً أصفر وأخبرتها أن تأتي بحطب يابس. وذهب الطفلان لإنجاز العمل وإحضار الحطب، وبعد الظهر عادا يحملان حزماً صغيرة لا تفي بالغرض الذي تُضمره في سرها، وقضيا النهار معها، ثم حلّ الليل وكان موعد النوم بعد تناول بعض الخبز الجاف وبعض الحليب من الماعز.

فرشت الضبعة فراشاً، ثم تمددت على ظهرها ونشرت ذراعيها وأشارت للطفلين بأن يناما على ذراعيها كي تضمن وجودهما. وضع الأطفال رأسيهما على ذراعيها، وناموا جميعاً والضبعة تريد وزن الأطفال، هل يصلحان أن يكونا وجبة دسمة لها غداً!

وكان الصغيران ناحلين هزيلين، قالت في نفسها: (لا بأس، سأعتني بهما أياماً حتى يسمنا قليلاً، وليكن بعدها الذي يكون).

قضيا الطفلان أياماً يحضران كل يوم الحطب للضبعة، وهي تُطعمهما وتأويهما، ليس إحساناً، بل استعداداً لالتهامهما، وما كان الحطب إلا لشوائهما، فهي تنتظر الكمية التي تكفي، وأيديهما الصغيرة لا تأتي إلا بالقليل كل يوم.

كانت تنبههما دوماً: "لا تبتعدا عن ناظري، اجمعا الحطب في المساحات التي على مد بصري فقط، فأنا أخشى عليكما البعد والضياع!". وبالفعل كان الصغيران يأتمران بأمرها، إلا يوماً كانا يجمعان الحطب، والماعز يرعى حولهما، وإحدى الماعز ابتعدت أكثر تتبع العشب الأطول والأطيب طعماً، فلحقها باقي الماعز، وانتبه الطفلان إلى المعز الذي ابتعد، فلحقا به، وابتعد الجميع أكثر فأكثر حتى اختفوا عن مد بصر الضبعة، التي كانت منشغلة بأمور في البيت، أما الماعز فأخذ يجري والأطفال يتبعونه، وطال سيرهم إلى أن لمحوا قافلة من بعيد، ما زالت تقترب حتى وصلتهم. فسألهم سيد القافلة: "من أنتما، وماذا تفعلان في هذا المكان الموحش؟!"

أخبراه قصتهما، وأنهما الآن تأويهما عجوز طيبة في ذلك الاتجاه، وكيف أنهما يعملان عندها بجمع الحطب ونحوه.

فقال سيد القافلة: "تلك النواحي لا يسكنها إلا الضبعة الساحرة التي تتشكل على هيئة عجوز طيبة، وما الحطب الذي تجمعانه إلا لكي توقده وتشويكما عليه وتأكلكما كعادتها مع من يطأ أراضيها بجهل وسذاجة!

قالت اليازي وقد تملكها الرعب والفزع من العجوز الضبعة: والآن، ماذا سنفعل؟!

قال الرجل: سنأخذكما معنا إلى أن نبتعد من هنا، ولعلنا في طريقنا نجد أهلكما إن شاء الله تعالى.

فحمل الرجل غانم وأخفاه في الخرج الذي على الأتان (أنثى الحمار)، وأخفى اليازي على الخرج الذي على ظهر الناقة، وتحركت القافلة بعد أن خلط الرعاة الماعز وسط الأغنام وكان المسير، تأخر وقت عودة الطفلين على الضبعة، فخرجت لكي تنظر أين هما، لكن لا أثر لهما، غضبت وبدأت تجري وتجري تتبعهما وتتبع آثارهما، إلى أن رأت القافلة العابرة من بعيد ولحقت بها.

تصدى لها سيد القافلة **قائلاً:** من أنت وماذا تريدين؟!

قالت: لقد ضاع أحفادي عني، وأنا أبحث عنهما، وقد وجدت آثارهما تقاطعت مع دروب القوافل.

فأدرك حينها أنها الضبعة وأنها تبحث عن الطفلين.

قال لها: لم نرَ أطفالاً وليس معنا أحد.

لكنها رفضت قبول رده، وأصرّت أن تفتش بنفسها عنهما في القافلة.

فأفسح لها المجال اتقاءً لشرها، **قال لها وهي تبحث في القافلة:** انتبهي إنا نحمل صغار الأتان والنياق في خروجها، وحذار من الاقتراب لكيلا تتأذين!

بحثت وبحثت والناس في توتر، ثم وصلت إلى الأتان، فأرسلت يدها في الخرج لكي يقضم على أصابعها غانم وبأكبر قوة لديه.

صاحت الضبعة وهي تقول: عضني جحيشكم، عضني جحيشكم! بمعنى: (لقد عضّني الجحش، وهو صغير الحمار).

نفضت يدها من الألم وواصلت البحث إلى أن وصلت إلى الناقة، فأرسلت يدها الثانية في الخرج وإذا باليازي تعضها بشدة حتى خرج الدم من جلد يدها.. **صاحت ثانية:** عضني حوّيركم! عضّني حوّيركم! بمعنى: (لقد عضني الحوار، وهو صغير الجمل).

وانصرفت عائدة إلى أراضيها، خاصة عندما رأت شدة بأس القائمين على القافلة، وحراس القافلة الملثمين، والبنادق في

أيديهم، رأت أنه من الأفضل أن تعود لبيتها سالمة، ونجّى الله الصغيرين والقافلة من بأس الضبعة الساحرة وشرها ومكائدها.

سارت القافلة أياماً، حتى قرّر سيد القافلة أن يترك الطفلين عند حياض في مفترق طرق القوافل اقتراحاً منه أنه ربما يلتقيان هناك بقافلة أبيهما المجهولة الوجهة.

هبط الطفلان ومتاعهما خرجهما، وبعض الطعام قد منحهما إياه من في القافلة، وأخذا معزاتهما ووقفا ينظران للقافلة وهي ترحل عنهما، وتضرب الإبل الأرض مودعة الطفلين لمصيرهما المجهول.

جلسا قليلاً ثم سارا بين العشب والأشجار فرأى غانم غدير ماء وحوله غزلان، فشعر بالعطش وسار نحو الغدير وأخته تناديه وتقول له إن لديها بعض الماء سيتقاسمانه، إلا أن فضول الأطفال أخذه إلى الغدير لينحني ويشرب منه، قضيا اليوم عند

مفترق الطريق تحت الأشجار ونام الطفلان وماعزهما، وكان مع الفجر أصوات الطيور وهديل الحمام وقطيع الغزلان يجري هنا وهناك، وجه غزال كبير كان أمام عيني اليازي وهي تفتحها، مما جعلها تُفيق فزعة وتقفز إلى الوراء وهي تحضن الخرج كأنها تتدرع به، تلفتت يميناً وشمالاً تبحث عن أخيها، نادت غانم! ولا أثر، وما زال الغزال واقفاً قريباً منها وهي في خيفة منه.

وراعها عندما سمعت الصوت صادراً من الغزال: أنا غانم يا اليازي، ألا تريني؟!

هلعت اليازي، وكاد أن يُغشى عليها، ثم قالت: غانم أخي! غانم أخي!

قال: لا، لا، مب أخوج أخو الغزيل، لا، لا، مب أخوج أخو الغزيل! بمعنى: (لا لا، لست أخاكِ، أنا أخو الغزال الصغير).

وركض إلى القطيع وانساب القطيع في جريانه والشرب من الغدير السحري.

لا ضـــاق بك درب المـعرفة ووقف

عليـــــك باللي شيّب الوقت راسه

مـهما درس راعي العـــلوم وتثقف

تجـــــارب الأيــام هيه الـدراسة

اليازي أدركت أن مفترق الطريق ليس خاصاً بالقوافل فقط، بل أنه مفترق الحياة، ربما أنه نقاط تقاطع الزمن، أو العوالم المتوازية في آن واحد، ربما هو نقطة التحول للجميع.

كانت تمشي وتحمل خرجها الصغير على ظهرها حين وصلت إلى حياض صغيرة على أرض حصباء، وكانت ترى أسراباً من الحمام والعصافير والقطاة والهدهد.. فابتسمت وأنشدت وهي تسير: "يا ليتني قطيّة وأرابع القطا، وأشرب من الضحضاح وآكل من الحصى، يا ليتني قطيّة وأرابع القطا، وأشرب من الضحضاحي وآكل من الحصى".

بمعنى: (يا ليتني أصبح طير قطاة، وأطير بصحبة سرب القطا، وأشرب من ماء حياضها، وآكل من طعامها وهو الحب والحصى).

ثم شربت من مياه الحياض المتفرقة، ونامت قيلولتها، وعندما نهضت وإذا بها ترفرف جناحها وتطير مع سرب القطا، طارت فوق الأشجار وارتفع نظر أحد الغزلان إليها، يقول بلسان حاله: (إن الحياة هي الحياة وإن كانت صوراً وأشكالاً، إنما في ذاتها كنه الحياة)!

وجئتكم من هناك! قال الجد راشد لعليا وقد أخذها عبر الزمان والمكان والخيال.

قالت عليا: وماذا حدث للأب والجدة وزوجة أبيهم.

قال الجد راشد: وصلت الزوجة بدون الأطفال، فلم تتحمل فراق أحفادها وماتت كمداً وحزناً عليهم، وفارق أبو غانم زوجته، وما زال يبحث عن أطفاله.

تابعت عليا: الدنيا غريبة يا جدي!

قال الجد: لا يا ابنتي، الدنيا ليست غريبة، نحن الغرباء فيها!

وكان هذا درساً آخر لعليا، صحيح، انصرف الجد راشد لشؤونه وما زالت عليا مع الطفلين.

قالت لطيفة: صحيح، نحن الغرباء عنها، لذلك الغريب هو الذي يجهل قوانين المكان أو الزمان الذي يصله، تكثر أخطاء الإنسان بقدر جهله بالقوانين الكونية التي خلق الله الكون عليها، والتي تنسجم مع صفاته العلا وأسمائه الحُسنى، فمتى خالفنا قانون الرحمة يبدأ الخلل، وقيسي على ذلك!

قالت عليا وهي تسير إلى بوابة المنزل لتتأكد من أن جدتها تناولت الدواء:

"الدنيا ليست غريبة، بل نحن فيها الغُرباء"!

طبق الثريد

عليا تُناول جدتها طبقاً من الثريد الطيب، الذي طهته لطيفة لوجبة العشاء، والثريد معروف في موائد أهل البادية بأنه طعام من خبز البِرّ الرفيع (خبز الرقاق) الذي يُخبز في البيوت عادة، ومُشبّع بمرق اللحم الطيب (مرق البدو) خاصة له طعم مميز، فلا يُكثرون الخضار فيه، بل يكون خفيفاً مع البصل والطماطم والليمون الجاف ليضيف نكهة الحموضة اللذيذة.

قال النبي عليه الصلاة والسلام:

"وفضل عائشة على النساء، كفضل الثريد على سائر الطعام"[1].

ولطيفة تصب بعض اللبن الرائب لمن يرغب، فاللبن يتخلل الوجبات مساءً عادة.

---

[1] صحيح البخاري.

قالت الجدة لمهرة بنت لطيفة: الآن تناولي طعامك، بدل أن تتناولينه في وقت مُخالف!

قالت لطيفة: وكيف ذلك يا خالتي؟!

قالت الجدة: الطعام في وقته يا بنتي، والناس الذين عاشوا على الفطرة يعملون بذلك، فكانت الوجبات تتبع أوقات الصلاة مُباشرة، فقد كان فطورهم بعد صلاة الفجر، والغداء بعد صلاة الظهر، والعصر لا يأكل إلا الجائع شيئاً خفيفاً، أو كما نسميها (قهوة العصر)، وبعد المغرب يتناولون العشاء وانتهوا، أما الطعام في كل حين ووقت فهو يضر بالصحة والجسم، فضلاً عن نوع الطعام الذي يتناوله الناس هذه الأيام من الوجبات السريعة ونحوها.

قالت عليا: صدقتِ يا جدتي، لقد انتشر مرض السمنة بشكل غير طبيعي في الصغار قبل الكبار، وقد قال أحد المحدثين بالفعل شيئاً يُطابق كلمتك تماماً، حيث إن الغدد في جسم الإنسان تبدأ بالعمل أو التوقف في أوقات الصلاة وما بعدها، حيث يكون أفضل وقت لتناول وجبة الطعام.

قالت الجدة: صحيح يا بْنتي، نحن كذلك، كان (المطوع) يحدّث علينا ونحن صِغار، ويُقرئنا القرآن وجزء عمَّ.

قالت لطيفة: سبحان الله وبحمده، الناس يتداولون حديث النبي عليه الصلاة والسلام كثيراً، وكتب الحديث الصحيحة موجودة في النقل والرواية، إنما أوقفني يوماً قراءة فلسفة كلمة (حدّثني).

الكل أصاخ سمعه للطيفة، التي كانوا يُحبون الإنصات لها لثقافتها الواسعة ودراساتها في علوم الشريعة، فكل إنسان هو مُبدعٌ بطريقته.

تابعت لطيفة إجابة على تسائل الصمت الذي ساد الغرفة: من فلسفات كلمة (حدّثني)، أنها تُرجع لأصلها من الحدث والحداثة والتحديث، وهو التعهد المستمر بالتجديد والتزويد بالجديد، فإذا قابلت إنساناً، فإما أن (تُحدّثه)، أي تُجدده بالحديث، والجديد من المعلومات والأخبار والأنباء والعلوم والأفكار والمشاعر، وإما أن (يُحدّثك)، أي إنه هو من يُجددك ويُزودك بالحديث والجديد من المعلومات والأخبار والأنباء والعلوم والأفكار.. والمشاعر!

ونرى على غرار ذلك أن سُنة النبي محمد عليه الصلاة والسلام، وقوله يُسمى "حديثاً"، لا يقدم ولا يتقادم مع مرور الزمن، بل يبقى حديثاً لكل زمان ومكان.

قال الجميع: صلى الله عليه وسلم.

والتفتت عليا لجدتها وهي **تقول**: "ومتى رأيتِ مهرة تأكل "وجبة مخالفة"؟! وهي تضحك وتنظر إلى مهرة التي كادت أن تختفي في ثوبها من الخجل.

قالت الجدة: هي دوما تأكل وهي تمشي، وهذا يمزق المعدة بإلقاء الطعام فيها من البلغوم والإنسان واقف، كذلك يأكلون هي وغيرها قبيل المغرب، وهذا ليس وقت الأفضلية للطعام. نظرت بحنان لمهرة وقالت لها: أنا أحبك يا صغيرتي، وأريدك دوماً بخير وعافية.

قالت لطيفة: عندما كنا صغاراً أنا وإخوتي، كان أبي يأخذنا إلى جدتنا بخيتة في آخر الأسبوع، ونبيت عندها ليلتين، كان الغريب أن جدتي كانت توقظنا فجراً وتخبز لنا ونأكل الخبز والسمن والعسل والحليب ثم ننطلق للعب، وبعد الظهيرة تكون قد أعدت الطعام للغداء وتنوّع فيه، إنما لا أنسى طعم (الكبسة) التي كانت تُجيدها أكثر من أمي، ليس كل ما فات غريباً، الذي فعلاً كنا نتعجب منه واعتدناه لاحقاً مع الأيام أنه بعد الغداء لا طعام، ويأتي المساء فتقول لنا الآن اغتسلوا وصلّوا وناموا، ونحن نتساءل: وطعام العشاء، **فتقول**: "أنا لا أُحضر عشاءً، ولا نأكله أبداً، ناموا وإذا أفقتم صباحاً تجدون الفطور الذي تُحبون!"

وقد وجدنا هذا جلياً واضحاً في صحتها، فهي إلى الآن وقد شارفت على التسعين من عمرها أو أكثر إنما ولله الحمد تسير وتعود وبصلابة وقوة لا تجدينها عند غيرها ممن هم في مثل سنها!

أضافت الجدة فطوم: نعم والله، صدقتِ يا لطيفة، بخيتة ما شاء الله عليها ما زالت بكامل صحتها، بل ومحط مشورة أبنائها لرجاحة عقلها وصواب رأيها وصدق حدسها.

الجسد إذا حافظت عليه في صغرك، حفظك في كِبَرك!

طال السمر ولكن وقت النوم للصغار والجدة بل للجميع قد حان.

قالت عليا: سلمت يدك يا خالتي، كان ثريداً رائعاً....!

تتابَع الجميع إلى فراشهم، بعد أن أخبرتهم لطيفة بأنه غداً صباحاً بإذن الله سيتجهون جميعاً إلى البيت في المزرعة؛ ليقضوا النهار هناك، ويتناولون وجبة الغداء معاً في أجواء المزرعة الجميلة، بين أشجار النخل والليمون واللوز، وسواقي المياه الجارية.

الجدة في تحسن مستمر، ولتعبر هذه الرحلة فترة استجمام لها وللجميع أيضاً، فالطبيعة ملجأ لإعادة الترميم للجسم والنفس والروح، واندماجه مع الطبيعة لتبادل الطاقة مع روح العالم، فالمريض أو الذي يشعر بالضيق أو الهم أو الكآبة لو

خرج في الطبيعة ونظر في السماء، في المدى في الاتساع لانشرح صدره وزالت أكداره، بعكس الذي ينظر للأسفل فيضيق صدره ويأسر مشاعره تحته، فكما قال الحكماء:

هناك لغة واحدة لروح العالم، لذلك تنسجم المخلوقات معاً باختلاف لغاتها ولهجاتها فالأصل واحد".

علِيا في مزرعة النخيل

انطلقت سيارتان كبيرتان في الشارع الأسفلتي الذي يمتد شاقاً الكثبان الرملية، ومخترقاً الرمال وأشجار السمر بمسافة نصف ساعة سيراً جاداً، لتتوقف سيارة الجد راشد أولاً، ثم تصطف بجانبها سيارة الخال عبد الله، ويترجل الجميع وقد كان عبد الله قد أمر العمال بالتنظيف والإعداد لمجيء العائلة اليوم.

الأطفال يركضون بين النخيل، أما لطيفة وعليا كانتا تُرتبان القهوة والفناجين والفواكه في الخيمة المُشرّعة أجنحتها، ثم جلست الجدة متأملة خضار الشجر، وتنتشي بعبير رائحة اللوز والليمون، وتستمع للعصافير والطيور، وخرير مياه مجاري المياه التي تتجه بانتظام إلى تراب الأشجار المُنسق والمنظم بحدود من الإسمنت الخفيف؛ حرصاً على تجمعه تحت النخيل والأشجار. ويتخلل هذه الأصوات تغاريد راشد الذي اتكأ لتناول القهوة، ولطيفة في الجوار تعمل على تهيئة طعام الغداء. أما عبد الله

فسار إلى جهة المزرعة حيث العمال لينظر في شؤونها، وعليا تتمشى في جهة غرب المزرعة كأنها تبحث عن شيء خاص!

وصلت عليا إلى بقايا ثلاث أشجار عملاقة في غرب المزرعة، واقتربت من الأوسط منها، وأخذت ترقى قليلاً على أغصانها حتى جلست ليس عالياً، ونزعت لحاءً قوياً لتنظر فتبتسم ثم تُخرج جوالها من جيبها لكي تلتقط صورة لما نُقِش على الخشب منذ عشرين عاماً، كان محفوراً في الخشب: (سلامة، مريم، عبد الله)، وشكل على هيئة قلب، لتُرسله فوراً على خط هاتف أمها، وتجلس تتأمل المنظر من الأعلى، فتسمع صوت وصول رسالة من أمها: "أنت هناك! على شجرتنا أيتها المشاكسة، انتبهي أثناء النزول، وكوني بخير، اشتقت لك كثيراً".

قالت عليا وهي تبتسم: "وأنا يا أمي الحبيبة، اشتقت لكم أكثر"!

الذكريات التي تُنقش في الخشب حفراً، فهي في الروح وشماً، ويبدو أن ذكريات سلامة وحياتها وطفولتها نسختها في ذاكرة أبنائها علي وعليا، كأنها تُدرك معنى أن يعيش الإنسان أكثر من حياة، فيكتسب المزيد من التجارب ومزيداً من الحكمة.

قفزت عليا على نداء خالها من بعيد ليطمئن عليها، فهو لا يراها بين صفوف الأشجار والنخيل.

- هأنذا يا خالي، قادمة!

وهي تسير نحوه حتى تبيّنها جيداً ثم عادا إلى حيث يجلس الجميع.

قال راشد: النخل يا عبد الله أرى بعضه يحتاج رعاية أكثر.

وأخذ يصف له أساليب خلب السعف، ودفن الجذور، ووضع بعض الدواء في أتربتها، أما تحت أشجار المانجا فكانوا قديماً يضعون رؤوس السمك كنوع من السماد المفيد للشجر، يدفنونه في التراب بمسافة بسيطة عن جذورها، وعبد الله ينصت.

كذلك عليا التي وجدت نفسها في دورة مكثفة في التنمية البشرية وتنمية الذات أولاً، فالعلم نور، والحكمة تجدها ممن حاكوا أيام وليالي السنين نسيجاً وعمراً لهم.

"كل لحظة أتعلم شيئاً جديداً!".. قالت عليا لنفسها، والذي يتعلم فن الاستماع، سيستفيد من كل شيء ناطق حتى من لا يحسنون الحديث.

قال عبد الله: أطال الله عمرك يا والدي بالخير والبركة، لطالما كنت نصاحاً ومرشداً لنا، حفظك الله وأدامك لنا ذخراً ننهل من بصيرته وحكمته.

ابتسم الجد راشد **وقال**: وأنت يا عبد الله، فيك البركة والخير، فإنك تأخذ النصيحة وتعمل بها ولا تخالفها. وابتسم ثانية ثم **تابع**: لقد تذكرت وأنا أنظر إلى النخيل وجدار الطين الذي يحيط بها قصة (تنبلة الوالي). وتابع قائلاً وقد تمكن من شدّ انتباه من حوله وحواسهم وأذهانهم، باختلاف اتجاه أنظارهم.

تنبلة الوالي

ذاك شيخ في مثل سني يا أبنائي، رزقه الله بولد وبنتين، وكان شيخاً كبيراً يحتضر في فراش الموت عندما **قال لابنه:** "يا بني! أوصيك بأربع وصايا، وخذ بهن ففيهن السلامة والراحة والخير". والابن ينصت، **تابع الأب:** "فأما الأولى: فلا تفسل في الوادي (بمعنى لا تغرس فسيل النخيل والزراعة في أماكن مجاري الوديان والسيول)، وأما الثانية: فلا توليّ سرَّك مَرَة (بمعنى احفظ سرك عن النساء خاصة)، والثالثة: لا تربي الذي لا أصل له (بمعنى أنك لا ترعى وتربي غير معروف الأصل)، والرابعة: لا تزوج النذل البخيل قليل الشيمة، وزوج الشهم الكريم (بمعنى أن احرص على انتقاء الزوج الذي يتصف بالشيم والأخلاق النبيلة والكرم)، ولبث أياماً ثم توفّاه الله.

دارت هذه الوصايا في ذهن الولد (عتيق) وقال: ماذا يقصد أبي بهذه الأمور، وماذا يكون إن فعلتها؟!

وقرّر عتيق أن يخالف وصية أبيه ويأتيها كلها في حياته، وُجد في القوم طفل صغير لا أصل له، والأغلب أنه رضيع تركته أمه لعدم شرعيته، **فقال لهم**: "آتوني به أُربيه وأكسب فيه أجراً"، فأُعجب الناس بشهامته وطيبته.

وربّى الصغير في بيته، وجاء من أقصى القبائل المجاورة رجل يسعى ويطلب الزواج، فما زوجّته الكثير من الأسر وردت طلبه، فلما سأل عنه وتحرى في أصله وأطباعه، ثم وجده غني المال وفقير الأخلاق، فقرّبه وزوجه من أخته، فأخذ (يعروف) زوجته وانصرف إلى قبيلته البعيدة، وزوج أخته الصغرى من رجل شهم في قبيلة أخرى يُدعى (عيد)، وكان عتيق متزوجاً من امرأة طيبة ودودة مُحبّة.

واشترى فسائل النخل وهبط في الوادي فغرس فسيل النخيل فيه، وسوّر له بستان النخل، وأودع فيه عُمالاً وزُراعاً ليعتنوا بشؤون المزرعة.

ومرت الأعوام وأنجب أطفالاً من بنات وأولاد، وما زالت وصايا أبيه في عقله تتردد، وهو يبحث عن إجاباتها.. كل شيء بخير، كل الأمور طيبة، المزرعة تُنتج الرطب صيفاً والتمر شتاءً، وأخته تعيش مُنَعمة مع زوجها الغني، وزوجته وأولاده من حوله،

والطفل الذي ربّاه صار رجلاً.. إذن ما السرّ من وراء هذه الوصايا الغريبة!

أقبل الشتاء بحلله الداكنة من سحب رمادية متكاثفة مُحملة بأمطار تختلف في وزنها عن كل عام، تساقطت الأمطار وفرح الناس واستبشروا بالخير والبركة، روت الرمال من ماء المطر الذي انهمر عليها بين رفق وشدّة أسبوعاً كاملاً، لم يتهيبه الناس، بل كانوا يستترون ليلاً في بيوتهم، ويخرجون نهاراً حين يستريح المطر في غيومه، ووطئت الأقدام الثرى البارد المُنعش، وبدأ البعض يحفر في التل ليقيس عمق المطر، وانتشرت حبات حمراء مخملية على التلال الحمراء المبللة، ما كانت هذه الحبّات إلا حشرة مخملية الملمس ذات لون أحمر فاقع يسر الناظرين يسميها البدو (بنت المطر)، فهي لا تُرى أبداً إلا مع سقوط المطر ولمدة طويلة، فإذا انتهى المطر اختفت بنت المطر من الأرض! ما هو نوع الحشرة؟! لا ندري! كيف تعيش وأين تعيش؟! لا ندري! كل ما يعرفه البدو أنها تتواجد فقط مع المطر لذلك يسمونها "بنت المطر ".

واتجهت المزن بعد هذا الرواء على جانب الصحراء وقبيلة عتيق شرقاً نحو الجبال، واجتمعت حشود السحب فوق الجبال كاجتماع الجيوش لشنّ حروب قوية، وتألق البرق

والصواعق ليلاً، وسدّ الناس آذانهم من شدة صوت الرعد، وكانت الرؤية جهة الجبال معدومة، ليلا ونهاراً لسقوط الأمطار المتواصل عليها.

يفرح الناس الذين يعيشون في الصحاري والمناطق البرية بالشتاء والأمطار؛ فالماء حياة "وجعلنا من الماء كل شيء حيّ"، حياة للأرض، حياة للنبات والعشب والكلأ، حياة للدواب والمواشي والحيوانات، حياة للناس جميعاً...

بعد أمطار دامت أياماً على الجبال، كل من في القبيلة ممن كانوا مشغولين بممارسة أعمالهم في الرعي، أو البناء، أو الزيارات أو السير، كل من في القبيلة وقفوا فجأة إنصاتاً لصوتٍ ما ألفوه من قبل أبداً، صوت هديرٍ قويّ يهزّ الأرض، ركض الناس وتجمعوا ليعرفوا كنه الأمر، وإذا بصياح أحد **الشيوخ الكبار**: "يا قوم! يا قوم! أدركوا أنفسكم وخدمكم، وارفعوهم من المناطق المنخفضة لأعلى التلال"؛ حيث كانت مضارب القبيلة في هضبة مرتفعة، إنما الرعاة والخدم يعملون في المزارع والرعي أسفل الهضبة.

كانت تجمعات من الناس هنا وهناك في أعلى الهضبة يطلّون جميعاً في اتجاه مصدر الصوت، لم يتخيل أحد المنظر مهما وُصِف، كان شيئاً يندفع إليهم من جهة الجبال له امتداد كبير

وزمجرة وعويل قوي، لا يتوقف أبداً، بل يجرف كل شيء أمامه ويحفر جوانبه بشدة وقسوة.

صاح الكبار: "البطحاء يا قوم! البطحاء يا قوم!"، إنه سيل عظيم جاء منحدراً من سفوح الجبال، تجمع هائل للمياه المتحركة في مجاري الوديان والسيول، والسيل يقترب أكثر وأكثر، الرعاة والعمال يُخرجون المواشي والدواب في مجرى الوادي، والبطحاء قد شارفت على القبيلة تشقّ مجرى الوادي وتجرف كل ما فيه، عتيق يقف متقدماً أمام الناس وينظر لهذا الهجوم الطبيعي الذي لا يصده أحد ولا يواجهه شيء، السيل يعبر المجرى وتختفي نخيل عتيق التي فسلها يوماً في مجرى الوادي!

نظر عتيق طويلاً مأخوذاً بالحدث الكبير الذي لم تشهده القبيلة من قبل، جلس على الأرض، أمسك رأسه وهو يرى جذوع النخيل كأنها أعواد ثقاب وسط مياه السيل الكبير، وعبرت البطحاء ومازالت تسير.. تذكّر عتيق وصايا أبيه، بل أدرك ما يرمي إليه الشيخ الحكيم، مجرى الوادي وإن جفّ أعواماً ودهوراً فالماء لا أحد يتصدى له، الطوفان يجتاح كل شيء والعاقل الذي يسير مع قوانين الطبيعة بانسجام وتناغم، ولا يتعارض معها أو يتصدى لها لأنه إن فعل فمصيره الهلاك!

قال عتيق: "هذه واحدة!"

ما زال عتيق مذهولاً من بستان النخيل الذي اختفى في لحظات، وقد أدرك أن وراء كل وصية حكمة وقد حرص على أن يبحث عنها بنفسه هذه المرة، ولا يتركها أعواماً ودهوراً.

كان يحكم قبيلة عتيق والٍ عادل منصف قريب من رجال القبيلة، ومتواضع معهم، يسمى: "الوالي يحيى"، وكان له قطيع خاص من الأغنام قد جيء به له من جنوب عمان، أغنام بيضاء كبيرة وسمينة، ذوات آذان طولة وذيل عريض معكوف يميزه امتلاؤه بالشحم، مما جعلها تختلف في أشكالها عن الأغنام العربية، فيعرفها الناس في المراعي "تنابل الوالي".

وفي يوم من الأيام، تسلل عتيق إلى حظائر الأغنام والناس نيام وأخذ أحد التنابل، وأخفاها في إحدى حظائر مواشيه في مكان لا يعرفه غيره، ووضع لها الطعام والشراب، ثم في اليوم التالي ذبح شاة سمينة وعزل شحمها، ثم أخذه إلى البيت، **وقال لزوجته**: اطبخي من هذا اللحم، وخبئي هذا الشحم، فهذا الشحم دواء.

تعجبت الزوجة وقالت: دواء!

قال: نعم، إنه شحم تنبلة الوالي، أخذتها وذبحتها ولم يعلم بي أحد سواكِ، فاحفظي سري ولا تفضحيني بين قومي.

وافقت المرأة الطيبة وتعاطفت مع زوجها. كانت تطبخ من اللحم لأسرتها، وقد احتفظت بالشحمة في إناء الخزف الخاص، ورفعته في مكان لا يلحقه الصبيان.

علم الوالي بغياب إحدى تنابله، وغضب كثيراً، فمن يجرؤ على فعل ذلك ويتطاول على مواشي الوالي من بين أهل القبيلة، هذه جرأة ووقاحة. الناس ظلوا في حيرة من أمر تنبلة الوالي التي اختفت من الحظيرة سراً، دخلت عجوز على الوالي **وقالت له:** أتجعل لي مكافأة إن أتيتك بسارق التنبلة؟!

قال لها: نعم وزيادة!

قالت: اترك الأمر لي وأنا آتيك بعلمه...

كانت العجوز فطنة حكيمة ملأتها الدهور تجارباً وخبرة، فطوت خرقة على يدها، وأخذت تدور بين البيوت عند النساء **وتقول:** إن إصبعي به مرض، ودواؤه شحمة غليظة، وليس لديها شيء.

فكانت لا تجد في بعض البيوت شيئاً، وبعض النساء يعرضن عليها بعض الشحم الخفيف (المعروف في الأغنام العربية)، حتى وصلت بيت عتيق، وأعادت الحديث، وأنها تحتاج الشحمة لتعالج بها يدها وتبكي من الألم، حتى تعاطفت معها زوجة عتيق **وقالت لها:** انتظري. ثم دخلت وأحضرت قطعة من

شحمة التنبلة وقالت لها: هذه شحمة، خذيها وتعالجي بها، وأسأل الله لك الشفاء العاجل.

نظرت العجوز للشحم وقالت: يبدو أنه شحم تنبلة!

قالت الزوجة: نعم، إنه شحم تنبلة، واكتمي سرنا، ما أخرجته لكِ إلا لحالتك وإشفاقي عليكِ.

شكرتها العجوز ودعت لها وانصرفت، ثم توجهت إلى بيت الوالي، وأخبرته الخبر بأن السارق هو عتيق بن سرور. هالَ الوالي يحيى ما سمع، مما يعرفه عن وجاهة عتيق في القبيلة، وأنه إنسان مُقتدر وصاحبهم في المجلس، وظنها خيانة فزاد غضبه، ودعى رجلاً من المجلس وقال له: اِذهب إلى عتيق في داره وأحضره إلي ليمثل للمحاكمة.

خرج الرجل يسحب خطواته حياءً، لا يستطيع أن يعتقل عتيق بن سرور أبداً، لكنه أمر الوالي.

وصل الرجل لدار عتيق، فرحب به وأجلسه وأحضر القهوة والطعام، والرجل يكاد أن يذوب حياءً من هذا الرجل النبيل.

ثم قال عتيق: آمرني، هل أخدمك بشيء؟!

قال الرجل: لا والله بل جئت مُسلماً لأطمئن عليك وأحوالك لا غير، جلس قليلاً ثم انصرف الرجل.

لو المراجل حلـــو ملبس ومـنطوق

كـــان المـــراجل كلها للصبايـــــا

المرجلة فعـــل ومواجيب وحقـــوق

وغير الكرم والجـــود طيب النـــوايا

قال عتيق: وهذه الثانية!

أرسل الوالي رجلاً آخر وفعل مثل فعل صاحبه، لم يقوَ على اعتقال عتيق بن سرور وعاد كصاحبه.

قال الوالي: مالكم يا رجال، أليس فيكم من يستطيع أن يعتقله ويأتيني به من داره؟!

فقام من بين الرجال شابٌ قويٌ شديدٌ ذو عينين ثاقبتين، وملامح حادة. **قال:** أنا آتيك به!

(كان هذا الشاب هو الطفل الذي ربّاه عتيق عندما كان صغيراً.. أصله غير معروف).

اخترق صفوف الرجال وسط تعجبهم.. (هذا الشخص آخر إنسان يُفترض أن يُبادر بهذه المُبادرة؛ لأن عتيقاً له أفضال لا تُعدّ عليه).. لم يكترث بالوضع، ولا بنظرات التعجب التي تُحيطه وتُعاتبه، وتوجه خارجاً إلى بيت عتيق بن سرور، اعتقله ثم مثل به أمام الوالي..

قال عتيق: وهذه الثالثة!

أمر الوالي بحبس عتيق بن سرور إذا لم يوفر الغرامة وهي 30 ناقة، كانت المحطة التالية لعتيق أن يركب إلى زوج أخته يعروف ويطلب منه المعونة والمساندة في قضيته، فهو قد أتلف السيل مزرعته بما تحوي من زرع ومواشي وهو الآن لابد أن يدفع غرامة تُقدر بثلاثين ناقة.

تلعثم نسيبه وزوج أخته قبل الإجابة.. ثم اعتذر قائلاً: ليس لدي إلا قعود، أستطيع أن أمنحك إياه، فالحال هذه الأيام لا يسر، والإبل والدتها قليل... وأكمل سيلاً من الأعذار كسيل البطحاء الجارف لم يقاطعه إلا صوت عتيق: "سآخذ القعود"، وترك الديار آخذاً القعود معه متجهاً إلى قبيلة عيد بن سعيد، الذي استقبله وأحسن لقاءه وأكرمه.

ولما علم بأمر عتيق ومحنته، قال له: لا تزد شيئاً، ولقاؤنا غداً في مراح الإبل.

تناول عشاءه ذبيحة سمينة هو ونفر من الرجال، ثم نام في بيت أخته إلى الصباح، وتوجه نحو المراح ليرى ثلاثين ناقة قلاص في تتابع، ويتبعها راعيها، مستعدة للرحيل.

قال عتيق: وهذه الرابعة!

يـا رب يسرها عـلـى كل ضـايق

وارفع ستار الهم عن كل مـحزون

لو كان في درب السعـــادة عوايق

تهـون مع رحمتك يا خـــالق الكــون

ربط عتيق القعود الأجرب في آخر النوق، وامتطى أولها وعاد إلى دار الوالي يحيى، ثم عرج على حظائره الخاصة وأخرج التنبلة وربطها في القعود الأجرب، وجاء ضحىً، وأوقف كل شيء أمام بيت الوالي، ليخرج الجميع ويشاهدون الثلاثين ناقة، وفي آخرها القعود الأجرب، ولمح الوالي خلف القعود التنبلة التي تخصّه مما أدار الحيرة بين الملأ والرجال، وكلهم تساؤل: "ما خطبك يا عتيق بن سرور".

قال لهم: يا رجال، اجلسوا واستريحوا فإني قد أتيتكم بأربع حِكم من شيخ أخبرني بها ولم أُدركها كاملة إلا اليوم. وأخذ يحكي لهم الحكاية من بدايتها.. **قائلاً:** تعلموها وعوها وأدركوها وتعلموا من أخطاء الآخرين، لا يجب أن تتألم كثيراً حتى تتعلم، يكفي أن تحيا وتتعلم من تجارب الآخرين، واحفظوا الوصية التي تأتيكم من مُحِبّ ولا تُخالفوها!

فأما الوصايا فهي: فأما الأولى فلا تفسل في الوادي، وأما الثانية فلا توليِّ سدّك مرة.. وما أخبر عن سري إلا امرأتي،

والثالثة لا تربي الذي لا أصل له، وما اعتقلني وأخذني إلى مجلس الوالي إلا من ربيته وتعبت عليه، والرابعة: لا تزوج النذل البخيل قليل الشيمة وكانت النتيجة (المعونة بقعود أجرب).

أرجي عطايا خالقي ما أطالع إيدين البخيل

مدّ الإلـــه ليا عطى مثل السيـــول السايلة

والحُرّ من طبعه حذر ما يرتضي عيش الذليل

يكفخ ليا مـــنه زهق مـــا يرتضي بالمايلة

ولو طالت أيام البطا لا بد من يوم الرحيـل

وكلنّ يولّم مزهبه من ضمنها جـــــمايله

هذا المفيد المختصر والهرج عندي له دليل

والصدق سيف يعتدل للحق بوسط فايله

وزوج الشهم الكريم، بمعنى أن احرص على انتقاء الزوج المناسب لأختك أو ابنتك، الذي يتصف بالشيم والأخلاق النبيلة والكرم.. وكانت النتيجة؛ المعونة بثلاثين ناقة!

الطيب يدرك بالكرم والشجـــاعة

لا شـــــك ما قدروا عليه الرديين

الطيـــــب صـــبر وقوّ باس أوقاعه

والغـــــانمة تعرض بك الأحاييـــن

الطيب بير ما أحد قـــــاس قــاعه

والمرجلة مـــــا تنوصل غير باثنين

سيـــفٍ شطير الحد صلب القطاعة

ومنسف يقلط للضيوف المجيعين

ومـــــن غر من هذا يســـوق الرتاعة

بو هو عـــــريب الساس ينعد مسكين

تعلم الجميع من دروس الزمان وعاد عتيق إلى داره مع أكبر فائدة وأعظم تجربة، وتركتهم على خير، وجئتكم من هناك!

***

كان يوماً رائعاً راقياً، تم تخزينه بإتقان في ذاكرة عليا التي ترى نفسها في عالم آخر، وتعليم عميق بغير كتب ومدرسة.. كم تعلمت في هذه الأيام! كم تأثرت نفسها! وتشعر بأن وعيها

وإدراكها بدأ في التنفس والتّبلور من جديد، الحياة كبيرة واسعة مترامية الأطراف، الحياة تُعلم من يُريد أن يتعلم، من يُنصت سيستمع، ومن يدقق بالنظر سيُبصر ومن يتنفس سيشعر، عناصر الحياة تكمن في دقتها وعميق تأثيرها، الحياة تراقبك فكن صادقاً مع نفسك وواضحاً معها!

أكرم مـــــوازين المخاليق الأخـــلاق
وأكبر كنــوز الأرض كنز القناعــــة
والرابح اللي لداعي الخيـــر سبّاق
دون المعـاصي له من الله مناعـــــة!

عليا والظّو

أشارت الساعة الثالثة والنصف سَحراً عندما رنّ جرس المُنبّه الذي أغلقته عليا بسرعة كي لا يوقظ النائمين، توضأت وصلت ركعات ثم انسحبت إلى خيمة الظّو، وأشعلت النار في الموقد واتخذت لها مكاناً بجانبه، الذي كان قد اعتاد على الفجر بحضور عليا مسروراً بها – أعني الموقد – بل الخيمة وما تحوي.

نظرت عليا إلى الظّو طويلاً وهي في بدايتها، ثم زادتها من حطب السمر، فزاد اشتعالها وطال لهيبها حتى أنار أرجاء الخيمة دارت أعين عليا في الخيمة فرأت حصيراً ممتداً وبعض الوسائد الكبيرة التي تُتخذ مُتكئاً وهناك بعض من ألعاب صغيرة تركها حمد مساءً، حيث نام بجواره وتم نقله محمولاً إلى غرفته في بيت عبد الله.. رتبت بعضها، ثم عادت كي تحظى ببعض الدفء، فالبرد قارس ومازال الوقت مُبكراً على بزوغ الشمس وانسياب الأحياء معها.

هل هذه المُهمة التي أتت من أجل عليا لكي تعتني بجدتها، أم كانت من أجل أن تُبصر خفايا نفسها في الحياة؟! قيل إن كل محنة هي منحة، فعلاً.. بدأت عليا تُبصر أشياء كأنها تراها لأول مرة، فهي ترى معايير فُقدت كثيراً داخل عالم الذات.

أطالت النظر في الظّلو صامتة، وحدها، فرأت أن الضوء وسط الظوّ، أبحرت فيه عميقاً، حدثت نفسها: (سأقرأ).

قال الضوء: اقرئي!

- هل تُحدثني؟!

قال الضوء مجيباً: نعم، أنت يا عليا، تبحثين عن شيء واحد يحوي كل شيء فاقرئي.

قالت: كيف أقرأ؟!

قال الضوء: وهل تعرفين أصلاً كيف تقرئين؟

أجابته: طبعاً، وبتميز!

قال: أبداً، لم يُجِد القراءة إلا القليل؛ لأن الغالبية لا يُدركون معنى كلمة "اقرأ".

عليا: وكيف ذلك؟ كل الناس يقرؤون، ويجيدون القراءة والكتابة، أما عن نسبة قراءتهم للكتب فهنا كُل وحسب همته وهدفه واتجاهه.

قال الضوء: كل ما قُلته صحيح، إنما لا أعني ذلك كله، لأن هذا ما هو إلا جانب بسيط جداً من معنى أنوار كلمة اقرأ!

شعرت عليا بالضيق قليلاً، كانت تريد أن تستمر في النقاش والمجادلة والتحدي أنها فعلاً تُجيد القراءة، لكنها صمتت عندما تذكرت عبيد بن عرّاف "الصدق والاحترام والفراسة".. وهي من بوابات الطريق إلى الحكمة.

ثم سألت بأدب والنور قد أحاط بها: وما هي أسرار كلمة اقرأ؟!

ضحك النور وقال لها: كلمة "اقرأ"، هي كلمة عامة شاملة، اقرأ كُتباً، اقرأ وجهاً، اقرأ بحراً، اقرأ رملاً، اقرأ ذاتاً اقرأ قلباً، اقرأ روحاً.. اقرأ كوناً! اقرأ اقرأ! بل إن وجهاً لتفسير كلمة "اقرأ" بمعنى "ادْعُ، بَلِّغْ، اصدع، انشر"، فهي لا تنحصر بما يتصل بالقراءة والكتابة وفك الحرف، وعلى هذا يتم اتساق الجناح الآخر من المقولة المأثورة: بأن جواب النبي عليه السلام: "ما أنا بقارئ" كانت صيغة وسياق السؤال والاستفسار، وليست في صيغة الإنكار والنفي، فالمقولة "ما أنا بقارئ" لا تعني: لست بقارئ، بل تأتي كسؤال واستفهام، فلفظة "ما" جاءت بمعنى الاستفهام والاستفسار، كقولك: ما أنا بقارئ؟ بمعنى: ما المطلوب مني تبليغه؟ وما المطلوب مني الدعوة إليه؟! فيكون

الجواب مُتناسقاً: اقرأ، أي بلِّغ واصدَع وانشر وادعُ باسم ربك الذي خلق!

هالَ عليا ما تسمع، بل ما تحيا، كانت كُلها أذن صاغية، هل فعلا كل عناصر الحياة تُعلِّم؟! هل كل شيء يمكن قراءته، هل كلها إشارات وعلامات على الطريق! هل في كل ذرة علماً..

قال الضوء: وأن الله قد أحاط بكُل شيء علماً!

يا ألله، وأنا؟! "ما أنا بقارئ "؟! ماذا أُبلغ، وماذا أدعو؟! وأنا لم أعرف!

من يعي هذه المفاهيم! ومن يحياها ويعيشها ويتخذها منهجاً؟!

تذكرت عليا رؤيا رأتها مرة كفلق الصبح، كأنها الآن، محفورة في روحها!

قال الضوء: وماذا رأيتِ؟!

العلم هو البلّور

كأنني أقف في غرفة مظلمة، وأمامي مخطوطة عظيمة فُتحت على مصراعيها بحجم الطاولة التي كنت بجوارها، وإذا بالنور يُسلط على السطور المكتوبة في الأوراق الصفراء القديمة على جهة الصفحة اليمين للمخطوطة الغريبة، وبالذات يتركز النور بوضوح على سطرين فقط.. أدركت أنها كلمات مهمة ورسالة لي تبعثها المخطوطة لحكمة أرادها الله عز وجل، حاولت قراءة السطور.. وعندما بدأت بالتركيز جيداً وإذا بصوت يقرؤها معي بوضوح كانه يملأ كياني، بل يملأ الغرفة بأكملها.. بل كل أبعادي.

وضعت كل جوارحي في قراءة السطور وإذا بالصوت يقرأ معي:

ستـرى بأن العــــلم هو البــلّور

وأن الحقيـقـة في نــور الرحمة تدور

قرأتها مراراً وتكراراً، حفظتها عن ظهر قلب.. فتحت عيناي وما زلت أقرأ السطور: "سترى بأن العلم هو البلّور، وأن الحقيقة في نور الرحمة تدور"!

نعم.. ملكت عقلي وكل ذهني، العلم؟ والحقيقة؟! ما هو البلّور! وماذا يُقصد بنور الرحمة...!

بدأ يومي وانتصف وكاد ينتهي، والسطور تتردد في ذاكرتي.. قررت أن أرسلها لبعض معلميّ ممن أثق بخبرتهم وحكمتهم، وبالفعل تم إرسال الرؤيا كما هي تماماً! جاءتني الردود متباينة، منهم من تعجب واكتفى بالتسبيح، وواحد منهم جاءني برد رضيت به ووافقت عليه روحي وفطرتي، **قال أستاذي في تفسير ما رأيت:**

"إن البلّور المتعارف عليه في الكتب القديمة والمخطوطات هو "الكرة السحرية" التي يستخدمها العرافون، ومن لديه العلم والحكمة؛ ليرى فيها الأحداث التي تجري الآن في أبعادٍ أخرى، أو أماكن أو أزمان في الماضي أو الحاضر أو المستقبل، كتلك التي في

القصص الخيالية للساحرة والكرة السحرية "البلّور" يقيناً منهم أنها الأحداث الصحيحة.

وهنا نرى من السطر الأول "سترى بأن العلم هو البلّور" أن الشيء الوحيد الذي من خلاله تستطيع أن تصل لمعرفة نفسك وما حولك (ماضٍ – حاضر – مستقبل) هو العلم! فالعلم هو الكرة السحرية التي تكتشف من خلاله الحياة وجوانبها كلها، ولذلك كانت أول كلمة في القرآن الكريم.. أُنزلت على محمد عليه الصلاة والسلام "اقرأ"!

وأما السطر الثاني: "وأن الحقيقة في نور الرحمة تدور"! فإن لكل شيء حقيقة، والإنسان إذا نظر لأي شيء فإنه لا يراه كاملا أبداً، إنما يرى زاوية واحدة وبُعداً واحداً فقط من هذا الشيء، وإذا أردت مشاهدته كاملاً لابد من الدوران حوله، بل أنك بذلك لن ترى إلا خارجه، أما مكوناته، ودقائقه، واستخداماته، ومضاره، ومنافعه.. فلا نراها أبداً للوهلة الأولى، فالحقيقة شيء نسبي لا أحد يعرفها من البشر.. ومن يدعي ذلك "لم يَصْدُقْ"، لذلك الله عز وجل وجّهنا إلى التعمق والاجتهاد لمعرفة ما ينفعنا من الأشياء حولنا، بل ركّز على ضرورة التبصّر بالنفس أولاً. فقال الله تعالى:

﴿ وَفِي أَنفُسِكُمْ أَفَلَا تُبْصِرُونَ ﴾

[الذاريات: 21]

نعم، العلم هو المفتاح، والحقيقة لا أحد يعلمها غير الله عز وجل، لذلك لا ندعي معرفة الحقيقة كاملة، وبالتالي لا نعُطِ لأنفسنا صلاحية إطلاق الأحكام على الأفكار أو الأشياء أو الأشخاص أبداً! فوجهة النظر دوماً ناقصة لاصطدامها بالحدود المادية والفكرية والشعورية.. وإن مفاهيمنا بسيطة وغالباً سطحية تعتمد على الحواس الخمس فقط.. نتلمس بها عالم الشهادة غير مدركين لعالم الغيب الغير مرئي حولنا.

في ميقات موسى مع ربه عز وجل.. **قال موسى عليه السلام:** يا ربي قد تركت بني إسرائيل على أثري وعجلت إليك ربي لترضى، يا ربي تركت بينهم رجلين يُلحان في الدعاء ويقولان: يا ربي، بنداء وخضوع وبكاء، يا ربي كان أحدهما صالحاً والآخر عاصياً، فما فعلت بهما يا ربي؟

قال الله عزوجل: يا موسى، فأما الرجل الصالح قال: يا ربي، فقلت له: لبيك عبدي! وأما الرجل العاصي فقال: يا ربي، فقلت له: لبيك عبدي، لبيك عبدي، لبيك عبدي! ثلاثاً..

فاستغرب موسى وتعجب، **قال:** كيف ذلك يا ربي؟ هذا صالح وهذا عاصٍ!

قال: يا موسى؛ فأما الصالح فكان يناديني وهو معتمد على عمله، وأما العاصي فكان يناديني وهو معتمد على رحمتي! الاعتماد الروحي، والنية القلبية، والخضوع والخنوع لله لا يعلمه إلا الله وحده! وموسى وكل البشر لا يعلمون ما في الصدور.. وتذكر: نحن لم نُبعث حُكاماً على الخلق وعليهم قُضاة، إنما بُعثنا إليهم دعاة.

"سترى بأن العلم هو البلّور، وأن الحقيقة في نور الرحمة تدور"!

قال الضوء: هو ذاك يا عليا، لا أحد يعرف الحقيقة كاملة، وليس من يملك كل الإمكانيات إنما يجتهد ليقرأ!

وصمت الضوء.. بدأت النار تخبو والضوء يخفت.. **نادت عليا: لا تتلاشى!**

قال الضوء: لا أتلاشى، سأبدو في وجه آخر، فنحن معاً في كل مكان.

هدأ النور وانساب الفجر بعبير أخّاذ، كانت رائحة الشجر في باحة البيت وبعض يحيط بالخيمة هذا الصباح فوّاحاً.

تساءلت عليا: لم اليوم بالذات؟! أنا كل فجر هنا!

قالت لها شجرة لوز كبيرة، ربما قُدِّمت في الحديث لأنها الأكبر سناً: بل كُل يوم نحن هنا، وعطور أوراقنا تملأ المكان كل

فجر، أنت اليوم مختلفة يا عليا! تبدين أكثر نوراً وجمالً كأنك تقرئين شيئاً.

عليا في نفسها: والأشجار كذلك تُدرك معنى القراءة التي لم أدرك معانيها إلا منذ لحظات! فعلاً هي الرسالة التي وصلتني (إن العلم هو البلّور).

قالت عليا للأشجار: فعلاً، يبدو أنني بدأت أتعلم القراءة وما زلت في أول حرف، ما أعظمك من شجرة وما أرفعك، لطالما كنت أتسلق كثيراً عندما كنت صغيرة، فإذا اختفيت عن أمي لا تبحث عني في الأسفل، بل كانت تنظر للأعلى وتُنادي: "يا عليا!"، أُحُبّ القمّة والقمّم، كانت الأشجار هادئة وتُرسل عطورها وتتناغم مع نسيم الفجر مُداعباً أغصانها، تؤدي رسالتها في الحياة.

قالت الشجرة: وما هي القمة يا عليا؟!

قالت عليا: أعلى الشجرة، أعلى البرج، أعلى الجبل هو القمة! لكن قليل من يصل إلى القمة، والأقل من الواصلين من يُحافظ عليها!

قالت شجرة: وما هو مفهوم القمة في ذهنك يا عليا؟!

عليا: القمة هي أعلى نقطة.

وصمتت قليلاً حيث تذكرت مدى جهلها بمفهوم (اقرأ)، وتمنت لو أنها ما أجابت، ربما كانت الشجرة تُحاصرها بالسؤال وتختبرها، ثم قالت: ربما...

ابتسمت شجرة اللوز **وقالت**: عندما نتفكّر في كلمة "قمّة"، فنجد أن بداية الكلمة يوصلك إلى نهايتها، فنجد أن الكلمة مكونة من مقطعين "قم" و"مه"، فإذا نظرنا إلى كلمة "قم" فهي إرشاد وتوجيه بمعنى: تحرّك واسعَ روحاً وفكراً وجسداً وذاتاً وسلوكاً.. من المهم أن تقوم وتبدأ في السير والحركة والأخذ بالأسباب...

ونهاية الكلمة تتشكل من المقطع "مَه" لفظاً، أي معنى أن تقوم بالحركة والأخذ بالأسباب إنما بهدوء واتزان وترو وتخطيط وتنفيذ بعلم ومعرفة ووعي وحكمة، وبهما تصل إلى "القمة"، وهي مكانة عالية وسامية ورفيعة، مكافأة لنيّتك وسعيك واجتهادك.

الله عز وجل وجه الأمّه عن طريق نبيها ورسولها محمد – عليه السلام – بدءاً بكلمة "اقرأ"، ثم "قل سيروا فانظروا كيف بدأ الخلق"، وكذلك قوله تعالى: "قل انظروا ماذا في السموات والأرض"، " قُل سيروا فانظروا كيف بدأ الخلق"، "أفلا ينظرون إلى الإبل كيف خُلقت"، ولا يكفي: "وما أوتيتم من العلم إلا قليلاً"، ثم "وقل ربِ زدني علماً"، وأورد الله في نهايات الآيات: "أفلا

تعقلون "، "أفلا تُبصرون"، "أفلا تتفكرون"، فإذا حصلت على شيء من العلم فبلّغ به ولو آية: "وذكّر إن الذكرى تنفع المؤمنين"، ولا إجبار، فقط تعليم وتذكير: "فذكّر إنما أنت مُذكّر"، والعمل بالعلم: "وقُل اعملوا فسيرى الله عملكم ورسوله والمؤمنون"، ثم يؤكد ثباتهم على الطريق ببشرى: "يرفع الله الذين آمنوا منكم والذين أُتوا العلم درجات"، وغيرها الكثير من الأدلة الصحيحة الصريحة في الدليلين العظيمين الكتاب والسنة...

لذلك من موجبات الوصول إلى القمّة:

◆ النّية الصادقة الخالصة ومحلّها القلب والجنان.

◆ الأخذ بالأسباب مع تعهد النيّة مراراً:

◆ القراءة والمعرفة والتعلم.

◆ السير بإدراك والنظر ببصيرة القلوب.

◆ التعقل والتدبر والتفكّر.

◆ التعليم للآخرين وتذكيرهم بالمعرفة وحصيلته.

◆ الدعاء وطلب الزيادة من العلم والوعي.

◆ اليقين التام بمعيّة الله عز وجل.

والقمّة يا رفيقي في الطريق، ليست قمّة واحدة أبداً، فَكُلما ارتقيت اعتليت قمّة رأيت بعدها قمّة تليها!

وهنا نؤكد أن المؤمن الحق يسعى لينتهج طريق الحكمة للوصول إليها.. "ومن يؤت الحكمة فقد أوتي خيراً كثراً"، فاستمتع بالطريق وممارسة الأسباب، فعليك العمل بجهد واجتهاد ومتعة وبهجة وسعادة، مثل الذي يستمتع بتسلق الجبل وعيناه على القمّة، وضوح الطريق والأهداف من أهم مقومات الوصول إلى القمّة، والنتيجة حتماً ستكون في صالحك، وحسب خطة سيرك وصدق نيّتك.. "ومن يعمل الصالحات من ذكر أو أنثى وهو مؤمن فأولئك يدخلون الجنة ولا يُظلمون نقيراً" وتذكري.. إذا وفقكِ الله ووصلت للقمة، فابدئي بمساندة الآخرين.. فهي مهمتك التالية! فالبناء لا يكفي، ما تم بناؤه يجب حمايته والحفاظ عليه، وكما قال الحكماء: **"أنت حيث تضع نفسك فا ختر لنفسك قمّة شمّاء فوق الأنجم"**. غالباً بعد خدمة الآخرين تأتي القيادة.

زادت قوة النسائم في تحريك الأغصان وكأنها تنتهز دوراً للمشاركة في حديث الوجود، وتسلل الفجر أكثر وتجرأ على الظهور مع ظهور الجدة والجد راشد متجهين نحو الخيمة، وصلت القهوة والحليب ولطيفة، ووجدوا عليا في خيمتها بجانب

الموقد مبتسمة فرحة بوجودهم في حياتها، تراهم بعين مختلفة وقار أكثر وحب أعمق.

تبادلوا التحيات، وجلس الجميع، نظرة حانية أرسلتها الجدة نحو عليا وهي تبتسم حيث قالت: حدثتك الظّوّ يا عليا؟

فتحت عليا عينيها على اتساعهما قائلة: ماذا تعنين يا جدتي؟!

قالت الجدة: ألم تسمعي عن الشعراء كيف تُلهِمهم الظّوّ وتُوحي لهم؟! فالنار والصحراء والنخيل والأغنام كلها تفهمك، إنما المشكلة أن الإنسان لا يُدرك لُغاتها.. لطالما كنا نحدث الماعز والإبل وتُحدثنا بل وتنصاع للأمر وتتجه حيث نريد إذا اطمأنت لنا، ليس هناك شيء زائد على الحياة في الدنيا وكل شيء خُلق له سبباً لوجوده.

قال الجد راشد وهو يتهيأ للذهاب للعزبة بعد أن تناول القهوة وإفطاراً خفيفاً: ذكرتِني يا أم عبد الله براعي الخُنفس، ضحك وهو يشير لعليا: لا تعتقي جدتك حتى تُخبرِك عن قصته.

ضحك الجميع وقالت عليا: لا توصي حريصاً يا جدي.

ثم التفتت إلى الجدة التي كانت على وشك البداية تَحسُباً لهجوم نظرات وأسئلة عليا..

جرح هلال

سلمكم الله جميعاً، ذاك رجلٌ يعيش في البادية كان قويّ البنية آتاه الله بسطة في الجسم يسمى "هلال"، وكان يعمل كثيراً وجاداً طوال النهار بجوارحه.

سألت عليا: وكيف العمل إذاً يا جدتي إن لم يكن باليدين والسير بالقدمين والنظر بالعينين؟!

أكملت الجدة: العمل بالجوارح يا عليا يأتي في المرتبة الثالثة، وللأسف إن أغلب الناس يعيشون في هذا المستوى من الفهم..

عليا: المستوى الثالث؟! وما هي المستويات الأولى والثانية...؟

قالت الجدة: أنت الآن يا عليا تكادين تخترقين المستوى الثاني. صمتت عليا مُصغية مُعاهدة نفسها على عدم المُقاطعة حتى تنتهي جدتها، فالذين يعملون باستخدام جوارحهم فهؤلاء يرتبطون جداً بعالم المادة المحسوس، فقط الذي يُدركونه

بحواسهم الخمس (اللمس، النظر، السمع، التذوق، الشم)، هذا الصنف من الناس هم المنطقيون الذين يقول أحدهم: "لا أصدق الشيء حتى أراه بعيني"!

سألت عليا: وأين النقص في رؤيتهم يا جدتي؟!

سألت ثم ندمت حين نظرت لها جدتها بأنها آتية في التفسير قائلة: الذين يعيشون فقط في عالم الملموس هم أكثر الناس حزنا وغضباً وتألماً؛ لأنهم حصروا أنفسهم في عالم المادة فقط، لا يدركون ما وراءها، حيث إن المستوى الثاني هو الذي يكون العالم المادي، فكل شيء خلفه روح، لن يتمكن الحُكام من إنشاء الدولة وتطورها بالإسمنت والحديد إن لم يكن خلف هذا القرار رغبة حقيقية وهدف واضح وروح للاتحاد، الذي يعمل ما لا يرغب به لا يفرح بإنجازه، فالرغبة والعمل بروح الجماع والتفاؤل وجعل الرؤية نصب العين هذا في المستوى الثاني. وأكملت الجدة قبل أن تسأل عليا عن المستوى الأول: وهو المستوى المُحرك لكل المستويات، بل وأهمها على الإطلاق، وهو عالم مستوى (النيّة) والدليل حديث النبي عليه السلام: "إنما الأعمال بالنيات، وإنما لكل امرئ ما نوى".

النية هي: شيفرة الكون.. النية شبيهة بالنجم، عندما تتشكل الفكرة فإنها تشع مثل ضوء النجم لتؤثر على كل شيء في

طريقها، والكلمة المنطوقة أو المكتوبة ليست أكثر من إشارة إلى الاتجاه العام والأساس هي الفكرة.. النّية لغة غيبية لا تُرى، وجميل أن نعتاد على رؤية العالم من منظور الغيب لا المادة فقط! **قال تعالى:** "الذين يؤمنون بالغيب ويقيمون الصلاة ومما رزقناهم يُنفقون"، فالذي يؤمن بالغيب يبدأ في إقامة الصِلات بينه وبينها بإدراك ووعي عاليين! فمهم جداً.. أن نعتاد كوننا جزءاً متكاملاً مع كون من الوعي الصافي، والإمكانات، وحيث كل شيء مترابط! حيث إن كل عمل في الحياة يحتاج إلى نيّة لتُحركه في اتجاه الإنجاز ليتحول إلى العالم المادي الذي يتلمسونه! وهذا هو عمق الإيمان يا ابنتي، **قال تعالى:** "ألم، ذلك الكتاب لا ريب فيه هُدى للمتقين، الذين يؤمنون بالغيب ويُقيمون الصلاة ومما رزقهم يُنفقون".. فأصحاب النيّات هم المؤمنون بالغيب، وهم الذين يُقيمون الصلاة، يعني الصلاة للعبادة وأيضاً يُنشئون صِلات بينهم وبين كل ما يؤمنون به وينوون عمله، ويُنفقون الصدقة والزكاة، كذلك يُنفقون من أجل تحقيق هذا التواصل كل الأسباب!

أما "هلال" فكان ذات يومٍ عائداً إلى بيته بعد يوم طويل، فرأى في الطريق خُنفساء، ارتعد منها تقززاً فهو يُمقت الحشرات، وخاصة الخُنفساء، كاد أن يطأها بنعله، لكنه

تخطّاها وأكمل سيره سائلاً باستخفاف: ماذا أراد الله بخلق هذه الخُنفساء؟!

ألقى كلمته على مسمع الخنفساء وسار جهلاً إلى بيته.

ومرت عليه أيام في العمل فهو يستخدم الفأس كثيراً في قطع جذوع الأشجار في موسم الصيف، ويقطع الأغصان بالمنشار لكي يقتات على ورقه الدواب والأغنام. وفي ذات يوم انحرف المنشار على كفّه فخلّف فيها جرحاً كان غزيراً، فاض الدم منه كثيراً، كان يضغط على اتجاه تدفق الدم الشرايين ليمنع نزيف الدم، وحزم الجرح بقوة ليتوقف النزيف، وجمع عُدته بعد أن استراح قليلاً بعد مُصابه، وعاد إلى الدار بأغنامه وعُدته وجُرحه.

طبّبه طبيب القرية، واعتنت به زوجته جيداً، إلا أن الجرح كان يزيد سوءاً وحجماً ويزداد قيحاً، حتى أعيا طبيب القرية، وقرر هلال أن يخرج إلى القرية المجاورة بحثاً عن علاج ليده، أخبره طبيب القرية المجاورة أنه لأول مرة يرى فيها مثل هذا النوع من الجروح، حاول أن يداويه أياماً فلم يُفلح في علاجه، مما أدى إلى رحيل هلال مُتنقلاً بين القرى القريبة ثم البعيدة بحثاً عن علاج، فالجرح سبب له خواراً في القوى ونحولاً في الجسم وذبول واصفرار في اللون، وكان الإعياء يتمكن منه وهو يسير حتى وصل

بعد طريق بعيد إلى كوخ قديم متواضع على أطراف طريق السفر، مما حدا بصاحبنا إلى المرور عليه طلباً للماء والراحة ولو يوماً، فوجد رجلاً عجوزاً يجلس في ظل الكوخ يشرب بعض القهوة ويأكل التمر..

رحب الشيخ بالزائر العليل، ولمح في وجهه الإعياء فأكرمه بالموجود من التمر والخبز ومكث معه ليلته. وفي وقت السمر قال الشيخ الذي لمح يد هلال الملفوفة بخرق الطبيب: ما شأن يدك يا بني؟!

أخبره هلال بقصة هذا الجرح الغريب الذي لم يبرأ رغم استخدام كل المُتاح من العلاج والدواء وتنقله الذي حير أطباء القرية.

قال الشيخ: دعني أرى الجرح.

فكشف هلال عن الجرح الذي اجتاح الكف وانتشر فيها ومازال طريا. نظر الشيخ عميقاً في الجرح ثم **قال:** يا بني، ربما لدي علاج لجُرحك، إنما يحتاج أن تمكث معي سبعة أيام بلياليها، ثم أعطيك دواء تشربه لمدة واحد وعشرين يوماً، وبإذن الله العزيز الرحيم أنك تشفى...

كأن السماء فُتحت لهلال وكأن البشرى أتته من قريب، أغمض عينيه وهمس في قلبه بكل خضوع وخنوع: (الحمد لله،

لا إله إلا الله، ما زال الأمل موجوداً). نشرها في روحه من كل قلبه، نام تلك الليلة على أمل بدء العلاج فجراً، أما الشيخ فأخذ مصباحه وخرج بعيداً عن الكوخ يبحث عن مستلزمات الدواء من أعشاب خاصة كان يعرفها جيداً، وأنها تنمو في الجوار بحمد الله وفضله.

أصبح الصباح وقد جهّز الشيخ خلطة الدواء، صلى هلال ومد يده للشيخ: بسم الله الشافي المعافي. قال الشيخ وهو يضع الدواء على يد هلال ثم يلفّها.

سأل هلال: ما طبيعة الدواء يا شيخ؟!

قال الشيخ مُداعباً هلال لُيهدئ من روعه: أُخبرك في اليوم الثامن بإذن الله — فقط اطمئن وتفاءل خيراً تجده.

استمر العلاج سبعة أيام وكل يوم فجراً كان الشيخ يفتح الضمادة ويُنظف الجرح بالمُرّ المنقوع في الماء، ثم يتركه ليجفّ ثم يضع الدواء ويعيد الربط عليه، وكان الجرح يجف ويلتئم ويتشافى شيئاً فشيئاً حتى برأ تماماً.

في اليوم السابع كانت اليد والخير واحداً كما يقولون، بكى هلال من شدة فرحته وطول عنائه مع هذا الجرح، وشكر الله الذي أتى به على هذا الطريق، وقبّل رأس الشيخ امتناناً وانصرف في اتجاه قريته وهو يسمع صوت الشيخ قريباً وهو يقول: كانت

خلطة الدواء من أعشاب السعد، وخُنفساء مطحونة مع بعض الحلتيت!

وقف الدرب بهلال ودارت به الدنيا! كان علاجه أعشاب السعد وخُنفس مطحونة مع بعض الحلتيت! خنفساء! استمر هلال في سيره وأدرك حينئذ أن الحياة كانت تُعلمه أن الله ما خلق شيئاً عبثاً، وأن الله خلق كل شيء بِقدر.

لله في الآفـــاق آيـــات لعلَّ
أقلها هو مـا إليـــه هـــــداك
ولعلَّ ما في الكـون من آيـــاته
عجب عُجاب لـو ترى عـيناك
والكون مشحـــون بأسـرار إذا
حـاولت تفسيــراً لها أعيــاك
قل للطبيب تخطفته يــد الردى
مــن يا طبيــب بطبــه أرداك؟
قــل للمريض نجا وعـوفي بعدما
عجزت فنــون الطب من عافاك؟
قل للصحيــح يموت لا من عـله
من بالمنايا يا صحيــح دهــاك؟
قل للبصيــر وكان يحذر حـــفرةً

فهوى بها مـــن الذي أهـــواك؟

بل سائل الأعمى خــطا بين الزحام

بلا اصطدام من يقـــود خـطاك؟

قل للجنين يعـــيش مـعزولاً بلا

راع ومرعى مـن الذي يرعــاك؟

قل للوليد بكى وأجـــهش بالبكاء

لـــدى الولادة مــا الذي أبكاك؟

وإذا يرى الثعبان ينفث سُمَّه فسأله

مـن ذا الذي بالسموم حــشاك؟

واسأله كيف تعيــش يـا ثعبان أو

تحيا وهذا السـم يملأ فــاك؟

واسـال بطون النحل كيف تقاطرت

شــهداً وقل للشهد من حــلاك؟

بل سائل اللبن المصــفَّى كان بين دمٍ

وفـرثٍ مـــن الذي صــفاك؟

وإذا رأيت الحي يخرج من حــنايا

ميت فاسأله من يا حي قد أحياك؟

قـل للنبـــات يجّف بعد تعهد

ورعـاية من الذي بالجفاف رماك؟

واذا رأيت النبت يربو في الصــحراء

وحـــده فاسـأله من أربـــاك ؟

وإذا رأيت البـــدر يسري ســارياً

أنـــواره فسأله من أســـراك ؟

وإذا رأيـت شعاع الشمــس يدنو

وهي أبعد كل شيء من الذي أدناك ؟

سيجيب ما في الكـون من آيـــاته

عجب عـجاب لو ترى عــيناك..

يـا أيها الإنســان مـهلاً

ما الذي بالله جـل جلاله أغراك ؟!

مرّ اليوم على عليا ورؤياها بدأت تتحقق، لا بد أن تنتبه عليا لكل شيء، الكون يرسل لها رسائل لا بد أن تعيها، الرسائل ربما تكون على هيئة موقف، قصة، شعور، فكرة، مشهد، لون، صوت...، كل عناصر الحياة إشارات لها معنى عميق من أدرك هذه المعاني عرف طريق الإيمان ثم الإحسان، فيعرف الله عز وجل، وما كان تقصير الناس في حق الله إلا جهلاً منهم بمعرفته

﴿وَ مَا قَدَرُوا اللَّهَ حَقَّ قَدْرِهِ﴾

اشتاقت عليا لأمها سلامة، فهي لم تعتد البعد كثيراً عنها، استلقت على فراشها بعد يوم آخر كأنه العمر، وهو كذلك فعلاً، فكل يوم جديد يأتي، إما لنحياه أو نُغادره، فإذا مرّ ونحن هنا فهو الحياة.. انطوت في لحافها تبحث عن الدفء أكثر وفي وسطه سمعت صوتاً يهمس لها وقد أَلِفت الأصوات في داخلها وحولها:

مشاعر الإنسان هي الشيء الصادق فيه، ربما يتحكم بشكله، ويتمالك أعصابه، ويبتسم والدموع في جوفه، الشيء الوحيد الذي دائماً يُذكره بأنه إنسان هي المشاعر، فأمك يا عليا ثم أمك ثم أمك!

كل شيء له رُتبة أو مرتبة أو درجة في الحياة، فهل تعلمين يا عليا الأم هي رقم كم بالنسبة للرجل؟!

قالت عليا: الأم طبعاً!

رد الصوت: توقعت إجابتك، إنما دعينا ننظر لأمر حدث في الجنة لآدم عليه السلام، وكان أول بشر خلقه الله، بعد خلقه مباشرة تم خلق حواء عليها السلام، صحيح؟!

قالت عليا: هذا صحيح..

قال الصوت: إذاً، بالنسبة لمسئولية الرجل ورعايته فالزوجة هي رقم واحد!

ثم بعد أن خرجا من الجنة ونزلا الأرض حملت حواء حملها الأول، فكان الوليدان صبياً وفتاة، والفتاة كانت بالنسبة لآدم عليه السلام (بنتاً)، فالبنت بالنسبة لمسئولية الرجل ورعايته هي رقم اثنان!

وكانت ابنة آدم لتوأمها (أختاً)، فالأخت بالنسبة لمسئولية الرجل ورعايته هي رقم ثلاثة!

قالت عليا: والأم؟! أين هي في هذه الحسبة؟

قال الصوت مطمئناً: الأم يا عليا ليس لها أرقام تتساوى معها، هي قبل كل الأرقام! هي قبل رقم واحد، وقد أكثر النبي عليه السلام من وصيته على النساء عامة والأم خاصة! عليا.. "أمك ثم أمك ثم أمك"!

كانت عليا قد استسلمت لنوم عميق وروحها تحتوي المعاني وتطويها فيها، كانت عليا تتغير كل لحظة، كانت رؤياها تأخذها معها وتنساب بها بين ثنايا الدنيا بلُطف ووعي.

"سترى بأن العلم هو البلّور، وأن الحقيقة في نور الرحمة تدور"!

زيارة بعيدة

غبار الرمال الناعم يُشكّل زوبعة عالية هارباً من عجلات سيارة الجد راشد الذي كان يخترق الطريق البري ومعه الجدة فطوم، وفي المقعد الأيمن الخلفي كانت عليا قد أطلقت لنظرها الحرية ليجتاح كل المناظر على طول المدى باتجاه الشمال الشرقي، حيث قرّر الجدان اصطحاب عليا معهما لزيارة ابنة عم لهم تعيش في البادية لوحدها.

صباح الأمــل بالله والخير توفيـــق

صبـاح الظنون الطيّبة بالقـدر كله

ترا الابتسامة والبشاشة تفكّ الضيق

تبسـم وقل هالابتسـامة لوجه الله

رغم تطور كل شيء في الدولة من النواحي السكنية والطبية والتعليمية والاجتماعية، إلا أن "سلايم" رفضت ترك بيتها الذي يتكون من خيام ومن العريش[1]، أو بالأحرى رفضت ترك المكان الذي شعرت فيه بالأمان بدون جدران، وشعرت فيه بالحرية والانطلاقة والسعة والرحابة والهدوء والسكينة والبساطة والحُب، لم تتمكن من ترك كل هذه المعاني التي دأب الناس في المدنية على البحث عنها طويلاً، ولا يكادون يلتمسون أطرافها أحياناً، فهم بين ضغوط وهموم وأعمال وأشغالٍ طويلة المدى.. كالذي يقتل نفسه بيديه دون وعي بذلك، ولو تحلّوا بالوعي في كل ما يعملون لانقلبت كل ضغوطاتهم انسياباً وراحة ولتحوّلت كل همومهم سعادة.

كانت عليا ترفق بحال هذه العجوز التي تعيش وحيدة في عمق الصحراء مع أغنامها وبعض نوقها بجانب بئر قديمة، لا تعلم بأن هذه العجوز لها ولد يعيش في المدينة وقد اختارها تماشياً مع متطلبات الحياة وتعليم أبنائه وحياتهم، وأنه يزور أمه بين الحين والآخر ليطمئن على أحوالها ومُلبياً طلباتها من مأكل ومشرب، هي وراعيان يهتمان بشؤون الدواب والأغنام، فهي ليست منقطعة، إنما هي صاحبة القرار حيث تكون وكيف

الحياة التي تختارها، وقد اختارت رغم معارضة من كان معها من جيران أو أختها الأصغر وأبنائها، وجميل أن يملك الإنسان خاصية الاختيار بعد استشارة واستخارة، فيرى ما يطمئن له القلب فيفعله بقناعة عميقة تأسيّاً بقول النبي عليه السلام: "استفتِ نفسك وإن أفتوك "، هناك قليل من الناس من يملكون حُرية الاختيار في حياتهم مع ادعاء الكثير بذلك وهم في الحقيقة لا يعلمون.

من أجمل المشاهد في البوادي رؤية قُطعان الإبل المارّة في طريقها الخاص، وتتبعها الصغار حديثة الولادة، وخاصة إذا كانت الأرض حديثة المطر، فالبدوي يعرف آثار إبله بأسمائها ويُفرقّها من بين كل الآثار معها، ويعرف الأثر القديمة من الحديثة ويستطيع أن يعلم كم ساعة مرت على طباعة هذا الأثر على الأرض، كذلك الإبل لها ممرات وطرق خاصة لها وتُسمى: "درب البوش"، ربما تتقاطع أحياناً مع طرق السيارات وربما تبتعد عنها كثيراً في عمق الكثبان العالية. كانت عليا تبتسم مستمتعة برؤية الحوار يتبع أمه في آخر قافلة الإبل العابرة.

أكّد الجد راشد على بقاء عليا في الجوار وعدم ابتعادها كثيراً حول خيام الجدة سلايم إذا وصلوا، فهناك بئر قديمة تحوي في طيّاتها سجلاً تاريخياً لقبيلتهم وكل من سكن بجوارها وكل من

رمى فيها دلواً، وكل الأحداث التي شهدتها والحروب والغزو في السابق وتسابق الفتيات للاستسقاء منها وسقي أغنامهن.

فكرت عليا جدِّياً بأن تتمشى حول البئر، وتجلس على الأحجار الكبيرة التي تتناثر حولها.. مطمئنة جديها أنها حولهم ولن تبتعد عنهم كثيراً.

قال الجد مؤكداً وهو يبتسم: لا تجعليني كمثل "مخزوم وخاله".

قفزت عليا حيث أصبحت في وسط المقعد الخلفي وأطلّت برأسها بين جدها وجدتها وهي **تقول**: هات يا جدي الحكيم، واروِ لي نبأ مخزوم وخاله.

قال راشد: أما حكيم، فستجدين بعد قليل من هي أحكم منا، بل إننا نحن من نتعلم منها!

كم اشتاقت عليا لرؤية سلايم التي تسمع كثيراً عن حكمتها وهدوئها وصمتها، تُذكّرها برهبان الشامان في الجبال، أو حُكماء الكهوف، أو أقربهم الإخوة "بنو عرّاف"، أو الشيخ الطبيب المُعالج لهلال، أو الحكيم سرور، أو عتيق والأربع وصايا!

مخزوم وخاله

قال الجد مُتابعاً رغم قوافل الأفكار التي تحفّ بعليا منذ أتت: أما مخزوم يا عليا، فهو ولد يتيم توفي والده وهو صغير، ورعته أمه في كنف خاله، وربّياه معاً حتى أصبح رجلاً وأكمل العشرين عاماً، إن مخزوم يتميز بجماله ووسامته، حتى إن أمه كانت تخشى عليه من الحسد، وتقرأ عليه آيات وأذكار التحصين دوماً حرصاً على سلامته.

عاش مخزوم وهو يرفل في نعمة الاهتمام بين أمه وخاله، بل إنه لا يُفارق القبيلة، بل يكاد ألا يختلط بالناس كثيراً، كأنه في حمى خاص به.

وفي ذات يوم قرّر الخال أن يستأنف رحلاته المُتكررة بدواعي التجارة تارة، وتوطيد العلاقات مع بعض القبائل تارة أخرى، وعندما سمع مخزوم بقرار رحيل خاله طلب منه أن يُصاحبه في هذا السفر، وأصرّ على طلبه، ولما رأى الخال حُب مخزوم للسفر

والتغيير والتعلم وافق على ذلك بعد موافقة أخته التي رضخت لطلب مخزوم على مضض، فهي لا تُحب أن يُفارقها فلذة كبدها، فأوصت عليه خاله كثيراً وألا يفارقه وأن يحرص على تواجده قريباً منه دوماً وأن لا يغفل عنه.

ربط الخال جمل مخزوم بجمله عملاً بوصية أخته، ورحل وابن أخته وتفسّح بهما الطريق نحو قبيلة من رفقة الخال قديماً، وانسابت الإبل بين الرمال تنشد التواصل والتعارف والتلاحم والاتحاد.. كان الخال يُنشد أشعاراً متفرقة في سيرهما، وربما كان يحصل على الرد من مخزوم بأشعار أخرى كعادة المسافرين على رواحلهم، وأجواء الحِداء والقصيد بأنغام تُثير الرواحل على السير السريع المنتظم انسجاماً مع الأنغام ومعاني الكلمات!

يا ألله لا تقطع وصاله	خِلٍّ تسليني حكايـــاه
لو ما عنا قلبي عنا له	دايـــم تسادا لي رواياه
هو ناهبني من جماله	سيـــد اليوازي لا عدمناه
متملكٍ قلبي بحاله	ومطيع له في شور يمناه
إن راف به قلنا حـلالـه	وإن شطبّه بنقـول يفداه

وصل الاثنان سالمين إلى مشارف قبيلة "الغوانم"، استراحا وتمت ضيافتهما على النحو الذي يُحبون، وعندما كان مخزوم يتمشى إلى بئر الغوانم وجد بعض الفتيات اللواتي يسقين الغنم ومن بينهن فتاة أخذت لُبّه من النظرة الأولى، وظلت صورتها لا تفارقه، وهى الأخرى هامت به ووسامته الغريبة.

عاد مخزوم حيث خاله وتناولوا طعام العِشاء، وبعده قال مخزوم لخاله: يا خال طلبتك أن نسري الليلة لديارنا!

تعجب الخال من قرار مخزوم، ولكنه ربما لأنه يفارق دياره لأول مرة.. بين حيرة الخال أذعن لابن أخته، تبادلوا السلام وأعلنوا الوداع لسيد القبيلة وانصرف الركب عائداً أدراجه، وبعد مسير ليس بالقصير شرع مخزوم على تثبيت ونصب عصا غليظة على عتاد الجمل، ثم غطى العصا بعباءته، وثبّت عمامته أعلى العصا، يُخيل للناظر أن خيال رجلاً يجثو فوق الجمل، وبخفّة قفز مخزوم من على ظر الجمل وعاد حيث ترك قلبه إلى قبيلة الغوانم.

كان الخال بين فترة وأخرى ينظر خلفه ليتأكد من وجود مخزوم، والمسير هادئ إلى أن كان بعد فترة طويلة أراد الخال أن يقطع السكون الذي كاد أن يطبق عليه النعاس، فبدأ ينادي مخزوم ويحدثه، وما من مُجيب! فنظر وإذ الخيال منتصب

ولكنه لا يجيب، أناخ الخال المطايا واتجه نحو مخزوم ليطمئن عليه، وإذا بالخدعة والعصا والعباءة والعمامة! طار صواب الخال! أين مخزوم؟ ومنذ متى قد رحل؟! الدنيا يغشاها الليل، أين تُراه قد يكون! آلاف الأفكار والأسئلة التي عصفت بليل الخال، والتي زادته حيرة من أمره.

جلس بجانب مطاياه وقرر المبيت إلى الصباح والعودة للبحث عن مخزوم، فكيف إذا وصل قبيلته وأخته بلا مخزوم؟! ستكون مصيبة لها ويخشى أن يُصيبها مكروه إثر صدمة فقدها لابنها! لا لا، لن يعود بغير مخزوم، فهو يعرف أُخته جيداً! هي لا تُفرّق بين الصبر والجزع، وشتّان ما بين المعنيين، قال الله عزّ وجل: "ولئن شكرتم لأزيدنكم"، والشكر هو عمق الزيادة والوفرة وعمق التواصل هو الامتنان، فالشكر هو شعورٌ إيجابي طيب بالامتنان على الخير الواصل، فإن لم يصل الخير فالصبر هو البديل وهو "الشعور بلا شيء"، أما إذا نزل مُعدّل المشاعر إلى مستوى المشاعر السلبية من حُزن وكدر وهمّ، فهذا يُسمى الجزع وليس الصبر، هي مفاهيم لا يُدركها الكثير، إنما هي من مقومات الحياة الطيبة.

كانت أشعة الشمس تنتشر وركاب الخال تقطع طريق العودة بحثاً عن مخزوم، وكان يدور بين القبائل المجاورة بحثاً

عنه، ولا خبر عنه، بل تنكّر على شكل بائع (حوّاي) واستمر في البحث بين القبائل عنه ولا جديد، إلى أن وصل إلى قبيلة على أطراف قبيلة الغوانم حيث وجده.

قال الخال معاتباً:

في شفّك يا مــخزوم أتعبت ناقـــتي

كـم رمـــل وكم طعـــسٍ تهايله

خفّها غدا شروى ثوب الخبا يلابت خنا

واللي ما يــخاف اللـوم هذي فعايله!

رد عليه مخزوم وهو يقول:

يا الخال تسقي دار الاثنين مـــطره

حولين مـا يعفي الثرى مــن مسايله

عــدّيت للتسعيــن عقصن ميدّل

وزادن عن التسعين عـــشرن يدايله

وياما ســقاني من ثنايـــــاه شربه

لين أمـــوت وأنـا في حساين جمايله

ومازال مخزوم يزيد من شعر الغرام والهيام في بنت البادية التي رآها عند البئر لأول مرة، وأخبر خاله بأنه لا يستطيع أن يُفارق أرضاً هي تسكنها، فلما رأى الخال حال مخزوم تقدم لخطبة الفتاة (أم الجدائل) وتم تزويجه إياها، وعاد الثلاثة إلى قبيلتهم مسرورين، وسعدت الأم بالاجتماع بعد وقت طويل.

يشدِّني لـك بـالوله جاير الشـــوق

واسـأل عليك النود من زود شـــوقي

يا بو جديلن فـــوق الأمتان مطلوق

أشــــــتاق لك شوق الوليع الشفوقِ

قالت عليا: يا جدي أنا عليا ولست مخزوماً، ألا تقولون إن هناك بنتاً تساوي عشرة رجال وأكثر؟! أنا أشعر أنني أصبحت أكثر وزيارتي لكم هذه لها أكبر الأثر في نفسي.. أسأل الله لكم الصحة والعافية وطول العمر في الخير.

مهيرة صبيّ

قالت الجدة فطّوم: بل تساوين أكثر وأكثر من (مهيرة بنت سهيل)، دعيني أُخبرك قصتها التي بدأت بكونها البنت الوحيدة لأبيها، الذي كان له أخ رزقه الله الخير والبنين، إلا أن سهيلاً كان يُعامل مهيرة كأنها امرأة بنت الرجال، وأنه بعض النساء يسبقن الرجال في الكثير من الحكمة والصبر والشجاعة وحتى البأس، فكان يُعلمها ركوب الخيل وسباق أقرأنها وأبناء عمها، وعلمها الرماية بالبنادق والسلاح آنذاك.

فكان أخوه صبيح يقول له: أنا رزقني الله بأولاد ولم أتعامل معهم بالدلال والجرأة التي تُعلمها لابنتك مهيرة.

فقال سهيل: ابنتي عن عشرة أولاد، وعقلها يوزن مال ورجال!

قال صبيح: أثبت لنا ذلك، ليس هناك أسهل من الكلام، لكن الدليل هي الأفعال وليس الأقوال!

كان الحديث حاد بين الإخوة وعالياً لافتاً لأسماع مهيرة من خلف حجاب النساء في خيمة الشيخ، اعتملت مشاعر التحدي والطموح في نفس مهيرة التي ما إن دخل أبوها بعد انصراف الجميع على بيته إلا بادرته قائلة: دعني يا أبتِ أُثبت أنك أحسنت تربيتي وتعليمي، وأنني أساوي عشرة من أبنائه!

وألحت مهيرة في طلبها حتى وافق أبوها على ذلك، ولبست ثياب رجل واتفقت مع والدها أنها ستذهب للعمل في مجلس الشيخ بين الرجال والحراس الخاصين معه.

وبالفعل عملت مع الشيخ فارسة.. أي فارساً من فرسان الشيخ حمد بن سويف، وكانت تتألق بين الفرسان بركوبها الخيل والسباق والرماية والقنص، تسير مع الشيخ حيث يسير وتعود متى عاد ولا تترك أحداً يُمسك عليها منقصة ولا زلة.

وبعد فترة من الزمان قضتها في العمل، قال أحد أصدقاء الشيخ: إن الفارس مهيّر بدأ يُثيرني الشك والريبة من جهته، فملامحه ليست ملامح رجالية، أظنه فتاة، ولكي نقطع دابر الشك باليقين ضعوا الحليب عند رأسه وهو نائم، فإن أصبح حليباً فهو رجل، وإن أصبح رائباً فهي بنت.

وبالفعل وضعوا الحليب عند رأسها وهي تُمثل النوم فانتبهت على فعلهم، وما إن انصرفوا من مخدعها إلا استيقظت وباتت

(تجادع الحليب) أي تصبه باستمرار بين إناءين حتى لا يروب الحليب، وعند الفجر وضعته حيث كان واسترقدت في فراشها، فجاء الخدم وأخذوه فوجدوه حليباً، دليلاً على أنها رجل لأنه لم يتغير، ومع ذلك كانت الشكوك تزداد حولها أنها فتاة وهي تزداد جمالاً يوماً بعد يوم، فقررت في نفسها الرحيل، وأخبرت الشيخ حمد أنها تُريد الرحيل إلى أهلها للسلام والاطمئنان على أحوالهم.

وطال غياب مهيّر عن الشيخ وفرسانه، الشيخ حمد كان في قرارة نفسه يُضمر حُباً لمهيرة التي كان يريد لذلك إثباتاً بأنها امرأة، وقرر عند عودتها للعمل أن يُفاتحها في الأمر، إلا أنها لم تعد، وطال انتظاره، وبدأ القلق يزيد عليه حتى قرر البحث عنها بين القبائل، فهو لا يعرف إلى أي عرب هي تنتمي. بدأ البحث مع جنوده أولاً فلم يجدها، ثم أراد الأمر سراً بعد أن تعجب قومه من إصراره على البحث عن مجرد فارس يعمل بين جنوده، فتنكّر في هيئته على شكل بائع (يُسمى في البادية حوّاي) وأخذ يدور بين القبائل بمبيعاته، وبمجرد وصوله إلى قبيلة تهرع إليه الصبايا والفتيات ليشترين ما يحلو لهن من البضاعة، فينظر في الوجوه فلا يراها، فيكمل مسيرة بحثه، حتى وصل إلى قبيلة أبيها وبدأت الفتيات كالعادة في التبضع وجاءت هي معهن، فلما رآها

عرفها وعرفته، قالت الفتيات سنعود لك بثمن ما اشترينا، وبقيا الاثنان وحدهما، فقال الشيخ حمد:

ثرك يا زيــــــن السجايـا   ثرك لبّـــاس الوقايـــــــا؟!

(بمعنى: فاجأتني يا زين السجايا بكونك من أصحاب الخمار – كناية عن جنس النساء).

فردت عليه مهيرة:

ثرك يا شيـخ البــــــدور   ثرك حــــوّايٍ تــدور؟!

(بمعنى: وأنت يا شيخ القوم، فاجأتني بكونك تبيع البضائع وتدور بينها)!

تعارف الاثنان، وتمت خطبة مهيرة لحمد بن سويف، ودامت الأفراح في القبيلتين أياماً، وعاشا بسعادة وعافية، وأثبتت مهيرة أن من النساء ما يفقن الرجال حكمة وشجاعة ومروءة وجلداً!

من السيئ ألاّ تُحب! هناك من يحييك من بعيد، وهناك من يصافح يدك، وهناك من يُصافح قلبك، أما إذا صافح أحدهم روحك فانتبه أن يضيع منك وسط الزحام!

اجعل عملك حين تُقدمه مميزاً، أضف إليه مزيجاً من "حُب كبير"، وتأكد.. لم ولا ولن يحلّ أحد مكان أحد في قلب أحد أو روحه أو ذاكرته أو حياته، فليطمئن الجميع! ففي الكون ليس هناك نقطة لها ارتفاعان أبداً.. "وكل شيء خلقناه بقدر"!

تساءلت يوماً: هل الحب يُزيل الهمّ؟ أم الهمّ يُزيل الحب؟ ومن الأقوى؟!

الله عز وجل خلق الكون بالحب، "يحبهم ويحبونه"، "قل إن كُنتم تُحبون الله فاتبعوني"؛ فالحب أقوى وأعظم وأروع ما في الوجود.. فما الهمّ بجانبه؟ لا شيء طبعاً!

قالت عليا: صحّ لسانك يا جدتي، أصبت وأصابت مهيرة بنت سهيل! هناك رموز عاشت على هذه الأرض يجب أن يعرفها الناس ويقتدوا بها في حياتهم، رموز الحكمة والعلم.

أولـئك أجـــــــدادي فـجئني بمثلهم

إذا جمـعتنا يـا جريـــر المـجامِعُ

طوي سلايم

صوت السيارة يثير هدوء الطريق الصحراوي الذي يطلّ على (طوي سلايم)، ويهبط من التل الكبير إلى منخفض مستوٍ تكشف فيه أشجار الغاف المتناثرة، والتي تزداد اخضراراً كلما كانت أقرب للبئر الذي تُحيطه أحواض مختلفة الارتفاع، بعضها للغنم، والآخر أكثر ارتفاعاً للإبل والنياق، وعلى يمينه بمسافة مئتي متر ترى حظائر الأغنام تُحيطها الشباك، وبعض الألواح القديمة وصفائح من التوتياء الخفيفة، ويبدو فوق التل الشمالي خيام وعريش ومساحة خالية على التل من جهة الجنوب الشرقي، ربما تستخدمه سلايم في الجلوس للاستجمام ومناجاة البدر ليلاً... منظرٌ خلابٌ يُعيدك أعواماً للوراء حيث تعيش أجواء البادية والعرب في الأربعينات من القرن العشرين، حيث كان كل الناس في البوادي يحيون بهذا النمط من البساطة في العيش والنقاء في المُتنفّس.

سلايم بين أغنامها، امرأة ليست طويلة، بل المفاجأة أنها أقرب لوصفها (قزمة)، فهي قصيرة جداً ذات وجه سمح يدل على جماله وجاذبيته في صغره، تتعكز على عصاها متجهة مُرحّبة بالضيوف الذين أقبلوا على روحها قبل خيامها، تقدمت أكثر لتتبين الضيوف.

- راشد؟ مرحباً وسهلاً، حيّا الله أبناء عمي وأحبابي!

قالت سلايم وعندما وصلتهم، وهم ينادون عليها: ابقي مكانك، نحن قادمون إليك.

يسير الثلاثة نحوها ويكون السلام وأجمل التحيات، لا تدري عليا لم شعرت بالرغبة في البكاء عندما رأتها، ربما رأت بعينيها عبق الماضي الأصيل، ربما تعيش في الماضي الآن في هذه اللحظة بكل معالمه وصورته وروحه وبساطته وأصالته.

قبّلت عليا رأس العجوز سلايم وهي تنظر لها وتدعو لها.

قالت الجدة فطوم تُعرّف سلايم على عليا: هذه عليا ابنة سلامة، جاءت تريد أن تراكِ وتُسلّم عليك.

ابتسمت سلايم وهي تقترب من عليا ثانية وتُقبّلها: مرحباً بالغالية ابنة الغالية، اقتربوا للخيام.

حاولت أن تفرش حصيراً فقفزت عليا تتناوله من يدها وتمده على الأرض، وتحمل إناءً وتصب فيه ماء من الخزان

الأرضي المحاذي للعريش وتضعه بجانب دلة القهوة والفناجين التي كانت مُهيأة في خيمة سلايم كالعادة، فهي تطهو طعامها بنفسها، وتهيئ أغراضها بنفسها. تبادل الجميع الأحاديث والأسئلة عن حالها وأحوالها، وتبيّن أنها لديها أخبار الأهل والأقارب، ولدها وأبناءه، وتقول مرّ عليها فلان، وأخبرها فلان.. تشعر بالحياة عندما تجلس معها والقوة والثقة والطمأنينة، وأن الدنيا بخير وفي خير.

كان الطعام بسيطاً، لا موائد ولا أنواع ولا أطباق، كان تمراً ولبناً رائباً مطبوخاً على هيئة جبن لين، يسميه البدو "الجامي"، صُب عليه قليلٌ من السمن العربي، ويؤكل مع التمر، ثم يتناولون القهوة.. وكفى!

كان الجامي ساخناً لذيذاً وكان مميزاً، **قالت فطّوم**: منذ عرفتك وطعامك طيب يا سلايم! سلمت يمينك يا ابنة عمي الغالية.

لقاء بسيط رائع تتجلى فيه قواعد الأساس للحياة الطيبة، صلة الرحم والكرم وحسن الخلق والبساطة ولُطف المعشر.

البطن لا يَبْطُر

رحلت عليا في ذاكرتها مع موقف حدث لأمها ذات يوم حين قالت: في المدينة المنورة وتحديداً في الحرم النبوي الشريف، تُمَد السُفر الرمضانية بانتظام وبسرعة المتقنين المتمرسين في العمل من رجال ونساء وغلمان، فهؤلاء مُكلّفون بمد السُفر، وهؤلاء بدفع عربات الطعام والوجبات والتمر، والآخرون بتوزيع الخُبز واللبن على الصائمين العابرين، والغلمان يستقبلون ضيوف الرحمن من البوابات منادين لهم (يا حاج يا حاج)، فيصطحبون من يتوقف لهم إلى أماكن مخصصة للإفطار.

كانت مشاهد يخشع لها القلب وتُبجلها الروح، الروحانية تجتاح المكان، في كل صوب، في الساحات الخارجية، في داخل الحرم قسم الرجال، وفي قسم النساء انتهينا من تنظيم السفرة الخاصة بنا، ومعي رفيقتي فاطمة المدنية التي كانت مثل النحلة في حركتها وتقسيمها للوجبات على الحاجات، وتوزيع الماء والتمر

ثم حين اقترب موعد أذان المغرب قامت تحوم بدلة القهوة وتصبها ضيافة للصائمات.. كان لنا مكاننا الخاص الذي نتراص فيه بجانب صناديق مؤونة الإفطار، من شدة ازدحام المسجد.

يا رب لك الحمد، هدأت الحركة وجلس الجميع كل بصمته أو تفكّره أو همسه أو دعائه.. وأذّن الأذان "الله أكبر.. الله أكبر"، وبدأ الناس في تناول الطعام، كانت فاطمة تعمل على خدمة الحجاج وأحياناً تشرب الماء أو تتناول تمرتها وهي واقفة، إلى أن ينتهي الجميع وتُقام الصلاة، فيخرج بعض الناس ويقل الزحام.. فنجلس نحن لنتناول فطورنا بعدهم، كانت أحاديث فاطمة معظمها دروساً تعلمَتها من تجاربها الطويلة وإن كانت امرأة ثلاثينية، إلا أنها كانت كعجوز تتحدث وتُفاجئني دائماً ببعض الكلمات التي أسمعها لأول مرة منها..

قالت لي مرة قبل الأذان، والكل يجمع الطعام وكميات كبيرة، فإذا تناولوا وجبتهم وأدّوا صلاتهم يبدؤون في توزيع الباقي حين يكتفي الجميع: "أتعلمين يا سلامة؟! إنها شهوة النفس، نعم النفس هي التي تشتهي وتبطر أما البطن لا يبطر، تكفيه تمرة ورشفة ماء وكسرة خبز". أدهشتني كلماتها.. "البطن لا يبطر"، صحيح.. تماماً هي النفس وشهوتها، المسألة ليست مسألة طعام وشهوة.. إنما هي نفس وإرادة.

إذاً الأمر ليس نظرياً، بل تطبيقياً ويحتاج إلى تدريب "وعي بالإرادة"؛ فالمشكلة أننا اعتدنا على أن الإرادة تتحكم بنا ولسنا نحن من نتحكم بها! لذلك الغالب يقول: "أتمنى فعل ذلك لكنني لا أقوى عليه".. (عزم وإرادة).

لابد أن نُدرك أن الذي لا أملكه من نفسي، هو الذي يملكني ويُحركني (أفكاري، مشاعري، سلوكي، شهوتي...)

(ما أجمل أن نكون أنفسنا، وأن نحيا الحياة بعلم، كل يوم هو يسير بي كأنني أنظر في البلّور).. حدّثت نفسها عليا، ثم **سألت الجدة سلايم**: يا جدتي ألا تخافين وأنت لوحدك في الصحراء، خاصة في الليل؟!

أجابتها سلايم وهي تضحك: يا غاليتي، هنا في الصحراء أعيش الاطمئنان والهدوء والأمان، هل تّدركين ذلك؟! فالصحراء مثل مدينتك، تحتوي الغثّ والسمين، ولكن الأصل أن الأمر يعتمد عليكِ أنت، أو بالأحرى عليّ أنا.. لطالما أخبرتنا الصحراء عن أشكالٍ وأنواعٍ من الناس والعوالم التي تعيش هنا وهناك، ولكن إذا التزمتِ بأمور مُعينة فإنه والله لا ينال منك إلا الخير حيث يكون.

قالت عليا: وماذا أخبرتك الرمال يا جدتي؟

لا أثر ولا نظر

تنهّدت سلايم وقالت: من يراني في الصحراء أعيش وحدي، ربما يتذكّر قصة (الشوّاب وعنزهم).. وهم امرأة ورجل كانا يعيشان في الصحراء حيث الماء والعشب والخير، ومعهما حفيدتهما التي توفي أبواها، وكان لديهم قطيع من الماعز الذي تحلب العجوز منه كل ليلة حسب حاجتها وأسرتها.

وفي ذات مساء كانت تحلب إحدى الماعز فشدَّت رجل العنزة بقوة وثبتتها حتى يتسع المكان للإناء المخصص للحليب، ومن عادة النساء في البادية الحديث مع الماعز والدواب، فكانت العجوز تحتّد على العنز حين تجرّ رجلها. صُعقت العجوز عندما التفتت إليها العنزة قائلة: تمهلي عليّ قليلاً، ما الذي حلّ بكِ الليلة، وزِني كلامك قبل أن تتفوهي به مرة ثانية.

فزعت المرأة من العنزة وحالها، ولكن أين المفر؟! اعتذرت للعنزة وهي ترتجف (أدركت أنها ساحرة مُتمثلة على هيئة عنزة).

ردت العنزة قائلة: سأُفوتها لكِ هذه المرة، إنما احذري أن تُعيديها معي ثانية! ربما الآن عرفتِ من أنا؟!

هلعت المرأة وأخبرت زوجها بخبر العنز، وأخبرته أنها راحلة وحفيدتها من الغد بعد سراح الماعز إلى المرعى، إلا أن زوجها رفض الرحيل وترك هذا المكان والغنم بسبب المَحْل الذي يجتاح الصحراء، وقلّة ذات اليد وضيق الحال، **فأخبرته وهي راحلة على بعيرها مع حفيدتها:** "فقط اختبئ عند عودة القطيع من المرعى، وانظر بعينيك كي ترى ما رأيته أنا"، ولما اختبئ خلف الأشجار بعد العصر وقبل المغيب، رأى قطيع الماعز عائداً إلى مكان حظائره وإذا بالدنيا خالية، لا حسّ ولا خبر، فغضبت العنزة الساحرة غضباً شديداً (فكيف يرحلون ويتركونها خلفهم؟!) وتحوّلت امرأة وأخذت تُرعد بصوتها وصياحها وأخذت سكيناً وذبحت قطيع الماعز الذي كان بصحبتها، **وقالت:** "أين مفرّهم مني؟!"

تراجع الرجل متقهقراً بعد أن رأى بعينه حقيقة الساحرة وفعلها وتوعِدّها لهم بالشر، وبدأ يجري ويسابق الريح وهو **يقول:** "تفّ تفّ على لحيتي! ما سمعت شور مريّتي، تفّ تفّ على لحيتي! ما سمعت شور مريّتي".. وظلّ هارباً فارّاً يتبع أثر البعير إلى أن وصل بعد عناء إلى زوجته وحفيدته! واستمر مسيرهم

طويلاً إلى أن وصلوا إلى قلعة عظيمة يحيط بها النخيل وغدير ماء بارد، وكانت في الواحة فتاة جميلة، حُسنها يخلب الألباب وتلبس أبهى الحُلل وتتميز برائحة عطورها الأخّاذة، استقبلتهم أحسن استقبال وأسكنتهم في قسم خاص للضيوف، تُقدّم لهم أطيب الطعام وأشهى الأطباق حتى شعروا بأنهم في نعيم كالجنة التي توصف لهم، مكثوا أياماً في الحصن، إلا أنهم استغربوا أموراً، أنهم لا يرون غيرها في هذا الحصن العظيم، وهي أمرتهم بعدم الخروج من القسم الخاص بالضيوف، وحتى لا يتمشّون قليلاً بين النخيل.

اطمأن العجوزان لها إلا أن الفتاة توجست خيفة منها، وظلّوا على هذا الحال، وفي ذات ليلة عطشت الفتاة وذهبت ليلاً تبحث عن المطبخ، وعندما أطلّت من شق في المطبخ وإذا بهذه الساحرة العجوز، والمطبخ مُعلّق فيه أجساد للبشر تأكل من أطرافهم، جمد الدم في عروق الحفيدة التي عادت لا تحملها قدماها إلى جدّيها تخبرهم عن حقيقة الفتاة، وأنها ساحرة عجوز وتطعمهم جيداً لكي تأكلهم، ولكنهم لم يُصدقوها، حاولت معهما كي يفرّوا من الحصن ولم يوافقا وقالا: "كيف نترك كل هذا النعيم ونتوه في الصحراء؟!".. تركتهما متسللة خارج الحصن وأحكمت لجام البعير حتى لا يُحدث صوتاً، وفرّت لا تلوي على

شيء هاربة بنفسها من هذه الأجناس العجيبة التي تسكن الأرض، وتأكل بعضها بعضاً!

استمر سير الحفيدة طويلاً إلى أن وصلت إلى قبيلة، لجأت إلى شيخها وأخبرته الخبر، **قال لها الشيخ: "سلمتِ!"**

فأمر أن توضع في غرفة في حصنه وطلبت منهم ألّا يدخل عليها شيء أبداً (لم تعد لها ثقة كبيرة بأي أحد)..

كانت الحفيدة تشعر أنها كالجدار الذي امتلأ ثقوياً، قيل في الحكمة: "نقطة ضعف الجدار هي نقطة ثبات المسمار، يكون الإنسان شجاعاً حتى تبدأ تخترقه أرواح فتؤلمه بألمها أو بُعدها، حياته بها ومعهم أجمل نعم، إنما أضعف غالباً.. فتُصبح هذه الأرواح (الأحباب، والدان، زوج، ابن، صديق، غالٍ..) نقاط ضعفه، مثل المسمار في الجدار، فهناك من البشر من نكون معهم، وهناك من يكونون معنا! وفرق بين المعنيين!

الساحرة ذبحت العجوزين وعلّقتهما في مطبخها، وخرجت غاضبة تبحث عن الفتاة، من دار إلى دار حتى علمت بوجودها عند تلك القبيلة، وعرفت شرطها بعدم دخول شيء عندها، وتحوّلت الساحرة إلى ظبي صغير عند الحصن، فقال الشيخ: "خذوه إلى الفتاة الغريبة لعلها تستأنس به"، فرفضت الفتاة دخوله، وظلّت الساحرة تتشكل كل مرّة بشكل والفتاة ترفض

دخولها، إلى أن تحوّلت على شكل (خنفساء) ودخلت عليها من تحت الباب، فلما رأتها الفتاة قفزت ودهستها بنعال قدمها، فتحولت الساحرة إلى امرأة وبدأت تصرخ وتتلوّى وتبحث عن تراب تأكله لتشفى لكنها لم تجد، خارت قواها واستمر أنينها حتى ماتت، أما الفتاة فتزوجت في القبيلة، عاشت بأمان بعد طول مآسٍ ويُتم ووحدة!

يـا ذا الـزمـن لـو لك شكيـنـا وقـلـنا

كثيـر ما شفنا من أحوالك أعجـاب

ويـا مـا مـن أهـوالك رمينا وشـفنا

عشنا على كف القدر رحلة أغـراب

ومـن أولّك يـا وقـت ما شـي نـلنا

ولا فادنا تاليـك لو جـاب ما جاب!

- قصّة مُخيفة، تبعث عدم الإحساس بالأمان - وكيف تبقين هنا وحدك يا جدتي وأنت تعرفين كل هذه الأمور؟! قالت عليا!

- العالم مليء بخلق لا نعرفهم ولا نراهم، من الإنس ومن الجن ومن الحيوان ومن الهوام والدواب، والإنسان الفطن

المؤمن يا ابنتي لديه أساليب الدفاع والحماية من كل شيء، إن ربي عزّ وجل ما تركنا هملاً، بل علمنا ما نحتاج أن نعرفه في حياتنا. قالت سلايم مُجيبة عليا في هدوء وسكينة.. **وتابعت:** يا ابنتي، إن الله خلق الكون ونحن جزء منه، ولا يصحّ إلا الصحيح، فكيف نترك الأرض الرحبة الواسعة الجميلة ونلوذ بالفرار ربما أولاً من أوهامنا!

(إذا لم تكن إصابتك مميتة، فهي لا شيء وتذكر شيئاً مُهمّاً: إن آثار الجروح والندوب.. تجعلك أقوى! وفي النهاية.. دعك من كل شيء فأنت بخير!).

قالت عليا: وكيف السبيل إذن يا جدتي؟! كيف نحمي أنفُسنا من هذه العوالم التي تترصد بنا الشرّ؟!

أجابت سلايم: يا عليا، إذا حافظ المؤمن على أربع، هو في خير.. **الأولى:** الوضوء بنيّة ووعي، **الثانية:** الصلاة بوعي وخشوع، **الثالثة:** التحصين المستمر صباحاً ومساءً، **الرابعة:** النّية الطيبة والتفاؤل بالخير أبداً! وتذكري شيئاً مهماً دائماً: حيث أفكارك تسير تتبعها مشاعرك، وتبعاً للمشاعر، إيجابية أم سلبية، يكون التجلي على شكل الواقع! وأتبعت: يحضرني قول أحد الحكماء: قوّة الشيخ الكبير في قلبه وفي دعائه، وقوة الطفل الصغير في صياحه وبكائه!

حدثت نفسها عليا: يا ألله! هل من المعقول أن كل شيء يعتمد علينا نحن!

قالت سلايم: بالضبط يا صغيرتي، الإنسان هو الذي يخطّ أيامه ويخططها، فمن رأى الخير دوماً أمامه كان كما رأى، والعكس تماماً يكون!

ودّعت الجدة سلايم أبناء عمها وحفيدتهم الرائعة عليا مُلوّحة للسيارة وهي تصعد التل الجنوبي، بعد أن اعتذروا عن تناول الغداء معها مكتفين بالتمر والجامي، التي كانت وجبة مُشبعة لهم، وهي بالفعل كذلك.

قالت عليا: يا جدي، شعرت أنني في حضرة معلم حكيم مليء بالعلم والمعرفة واليقين والثقة والإيمان عندما جلست مع الجدة سلايم حفظها لله!

قال الجد: يا صغيرتي، لقد كُنتِ تجلسين مع حفيدة، ابنة عبيد بن عرّاف!

عادت عليا إلى الوراء على المقعد الخلفي بصمت من روعة المُفاجأة وقوّتها، لم تُجب بحرف واحد، أرسلت نظرها للسماء، لقمم شجر الغاف، للحمام وهو يطير، للسحاب، لأشعة الشمس التي تخترق غيوم السماء في الصحراء.. وتسمع في روحها صوتاً يهمس عميقاً وهو يقول:

"سترى بأن العلم هو البلّور

وأن الحقيقة في نور الرحمة تدور"!

حنين السيارة يتناغم مع خفقات قلب عليا الذي كان يتغير في كل لحظة، يتغير بتغير الثانية، مع حركة الشمس التي لا تقف، مع النسيم الذي يهبّ لطيفاً تارة وقويّاً تارة أُخرى، يتغير مع خروج أنفاسها وانسجامها مع الموجودات، عندما كان الجدّان يسامران سلايم في ظلة خيمتها، انسابت عليا مع رمال التل مُتجهة نحو البئر (طوي سلايم)، فلن تُفوّت فرصة مُقابلتها الهامة مع هذه البئر القديمة التي تُعتبر معلماً تاريخياً لأهل هذه المناطق كافة!

(طوي سلايم)! ما أجمل أن تكون ذكراك عبقة تتألق فخراً بأعمالك وإنجازك، كم من الناس جاءوا إلى الحياة ومضوا وليس لهم ذكر ولا أثر، وهناك من الناس منذ آلاف الأعوام وما زالت أسماؤهم معروفة وأفعالهم مرئية وأقوالهم مقروءة في عَبر الزمان والمكان، طاقتهم التي لا تفنى ظلّت آثاراً وحروفاً وقرارات بُنيت عليها حياة عظيمة، مبدأهم في الحياة: (كُل جديد تحت الشمس!).

اشتاقت عليا للتمشي حول الطوي لعلها تتطابق أثرها على أثر أحد الحكماء، العظماء، المُغيّرين في تاريخهم وتاريخ أقوامهم وبلادهم وأمتهم وأرضهم كاملة، الحقيقة إن كُل تغيير تُحدثه ولو كان بسيطاً فإن له تأثيراً قوياً على الأرض جميعاً ومن يسكنها في كل مكان، بل إنك لو تعمل خيراً أو تقول حقاً أو تشعر بسعادة فإن أثرها يتردد في الكون كافّة، وكلما سعدت بإنجازات الآخرين وفرِحت بها كان خيراً ينعكس لك، وتكون سعادتك إضافة عظيمة عميقة في الكون كاملاً، من المؤسف عندما تشعر أن لا وزن لك، ولا قيمة، وأنك غير مُؤثر وسيّان الوضع بك أو بدونك، أدركها علي بن أبي طالب رضي الله عنه حين قال:

داؤك منك وما تُبصـــــرُ   دواؤك فيـــــك وما تشعرُ

وتحسب أنك جِرمٌ صغير   وفيك انطوى العالم الأكبَرُ

كانت عليا تسير حول الغاف وتربط بصرها بكل ذرة يقع عليها، يتم تسجيله للأبد في ذاكرتها الأزلية، وكان النسيم لطيفاً رائعاً مُداعباً وجهها الجميل ومُمازحاً ثوبها وخمارها كأنه يُريد أن يحملها ويطير بها عالياً كما تطير بها أفكارها وقناعاتها التي تتفتت

بين لحظة وأخرى، وتتحول من الجمود والقيود إلى الرحابة والسعة والحركة والتغيير.

اقتربت أكثر من البئر التي أطلّت برأسها فيها ممسكة ببعض الدعائم حولها، وهي تتماهى معها وتجد لُغة للحديث معها..

قالت عليا: كم أنت عميقة أيتها الطوي (البئر)!

قالت الطوي بأسلوب الحكيم الهَرِم المتواضع الذي يحتوي التاريخ فيه: وروحك أعمق مني بكثير يا عليا!

جلست عليا على حافتها وقد أَلِفت صوت الحياة في كل شيء وصارت تتعاطى معه بكل ثقة وشجاعة وانسجام واحترام: أخبريني عني أيتها البئر! فأنت تريني بزوايا مختلفة عن نفسي.. ربما لا أكون في مكاني الصحيح!

قالت البئر: جميل أن تكون ثقافتك على هذا النحو يا عليا، قليل من يُدرك ذلك من الناس، فهم يسيرون في الدنيا دون أن يُحددوا موقعهم من الحياة، ومعرفة مكانك قوّة لك أنت، فالإنسان الذي لا يعرف مكانه بالضبط، لا يعرف كيف يسير ومتى يتوقف، ولا يُدرك معنى التراجع بل لا يتقبل الفشل أو الهزيمة، الذي لا يعرف موقعه من الحياة غير مؤهل لقيادة الآخرين فضلاً عن قيادة زمام حياته!

ارسمي الطريق يا عليا، ارسمي طريق حياتك ولا تضعي له نهاية، فالأهداف لا تتحقق فجأة، بل تكون نتيجة لأحداث ومواقف كثيرة، وهو طريق غير مُختصر، والطريق إلى الحكمة في الحياة مبني على المراحل الأربعة التي يُعلمّها الحُكماء للناس منذ الأزل وهي: (العلم، المعرفة، الإدراك، الوعي)، الحكمة يا عليا ليست طريق فلان أو فلان، بل إن الإنسان يتعلم من كل شيء حتى يشقّ طريقه الخاص به نحوها، فلكل إنسان طريقه الخاص به التي يسير عليه، وكلما زاد الصمت والتفكّر في حياتك كلما كنت أكثر تأهيلاً لإدراك إشارات الحياة وفهمها..

عليا تُصغي بروحها لحروف الطوي التي تتابع: وفي هذا الطريق كثير من التصادمات والمطبات والانحناءات والمُعرقلات، وكل هذا يحتاج لشيء عميق لا بُد من التحلي به في الطريق إلى الحكمة، وهي (المرونة)، فالناس الأكثر مرونة هم الأقدر على التحكم بالذات (المشاعر والأفكار والرسالة والأهداف)، وكذلك تحكماً بالآخرين، وتذكري كلامي جيداً أيتها المُجدّدة، كُلما قطعتِ مسافة كبيرة في طريق الحياة كلما احتجتِ إلى المرونة بشكل أكبر وأوسع! هل أدركتِ ما أقول جيداً؟

قالت عليا: نعم، أحاول الإدراك، لا بد من أمور ثلاث: (معرفة مكاني وموقعي على الطريق، والصمت والتفكّر

والمراقبة، والتعايش بمرونة مع كل شيء؛ النفس، الآخرين، الأحداث، كل شيء)!

قالت الطوي: أحسنتِ يا عليا، أنت تسيرين على الدرب الصحيح! وأصل التعامل بالأخلاق في كل شيء هو الحُب، الحُب اللا مشروط، بغير شروط أبداً، تُحبين الناس، الأشياء، الخلق، الأرض، الكون، بأصل الحُب، فالحُب بأصل كل معانيه يعود للمصدر الأساسي وهو الله (عزّ وجل).. فمن عاش باليقين والتوكل والحّب والتفاؤل تسارعت البركة وتدفّقت في حياته حتى إنه لا يلاحظها أحياناً؛ لأن حياته كلها تحفّها البركة، فاعرفي رسالتك جيداً يا عليا!

شعرت عليا بالحيرة من أمرها، ربما أنها تشعر كأنها في محيط عظيم وتبحث عن جزيرة الأمل والسعادة، لن تستطيع أن تنجو إذا لم تكن تُجيد لغة إشارات الحياة وقوانينها، ومتمكنة من استخدامها جيداً! فقطعت كل هذه الأمواج بسؤال **البئر**: وكيف أعرف رسالتي؟!

قالت البئر: أصغي جيداً للوجود من حولك، ولقلبك في داخلك، وستعرفينها قريباً، فأنا أثق بك، علمتني الحياة معرفة الناس من طريقة سيرهم على الرمال، ومدى ارتباطهم بالأرض التي تُعانق أقدامهم مع كل خطوة ما داموا فيها، ربما الكثير عاش

ومات وهو لا يعرف رسالته، كان فقط "يعيش"، والقليل فقط من أدرك رسالته فقضى مسيرته في الدنيا "حياة"! روعة الرؤية في بُعدين (الداخل العميق، والخارج الفسيح)، فالحقيقة أن الأجساد توجد كنتائج للوعي وليس العكس! اسعي إلى أن تُعيدي التقاط الدهشة التي غمرتك طفلة، أنتِ ببساطة تركزين دائماً على "نفسك" في كل ما تشاهدين وما يلفت انتباهكِ.. هو فيكِ بالتأكيد.

(احتفظ بالشروق في داخلك أبداً.. فهنيئاً لمن يحترفون فن الرَحابة والاتساع)!

كان الحديث عميقاً كعمق البئر وأكثر، ربما كعمق الروح التي لا حَد لها ولا سَد ولا قيّد، صوت من بعيد ينادي عليا مُعلنا اقتراب موعد العودة، ألقت عليا في البئر نظرة شكر وامتنان ومسحت بيديها على بعض الأحجار المحيطة ببناء البئر، **وقالت:** ربما أعود ثانية.

قالت البئر مودعة عليا: أنت هنا دوماً!

عادت السيارة أدراجها إلى قرية (الرويشدة)، واقتربت من أسوار البيت البيضاء لكي تقتحم البوابة وتقف السيارة في الموقف الخاص بها، بجانب سيارة قفز قلب عليا عندما رأتها! إنها سيارة علي أخيها، وفي ظِلّة الخيمة حصيرٌ وفواكه وقهوة

وامرأتان تتحدثان عميقاً، وقفت إحداهما متجهة نحو سيارة الجد راشد، إنها سلامة!

حضنت سلامة أمها وقبّلت رأس أبيها اللذين كانا في أشد الفرح برؤيتها، أما عليا فاحتضنتها أمها بقوة شوقاً وولهاً ودخل الجميع البيت في غرفة الجلوس يتبادلون الأحاديث والأخبار، اطمأنت سلامة على صحة أمها الحبيبة وحال أبيها الغالي وقالت: كم تمنيت لو كنت معكم في زيارتكم للعمة سلايم! تمنيت لو تقدمت قليلاً أو تأخرتم في زيارتها قليلاً إلى أن أحضر، إنما كله خير وسأزورها بإذن الله قريباً.

حُكم القــــدر وفّق للأرواح ميعــاد

وتعانقت مـــن قبل شـــوف وتلاقي

وليا حصل لقياك يا صاح وش عاد؟

يا سـعد قــــلبٍ ما بقى منه باقي!

احرص على اللحظات الأخيرة.. مع الأشخاص الذين نحبهم، هي الأكثر بقاءً في الذاكرة من غيرها!

عليا تقرأ

كانت عليا تُقلّب صفحات كتاب (مُذكِرات مُغتربة)، كانت تقرأ بلُبّها مُتلمّسة إشارات الحياة، ومحاولة فهمها لتعرف رسالتها في الحياة كما أخبرتها طوي سلايم، أسرها هذا الكتاب بعمقه ووقفات المُغتربة التي تعيش في لندن، ورأت الحياة بمنظور مُختلف عما يراه الناس ويرويه كُلٌّ وحسب تجاربه السلبية وانحصاره في بعض المناطق المعروفة تاركاً المدى الواسع خارج حدود المدينة التي كانت ككل المدن وبلاد العالم، الفكرة هي أين تُريد أن تكون أنت! بدأت تقرأ.

****

اليقين في القلب

كنت أقف مع صديقتي ربيعة المغربية في فناء مدرسة (جون بيريز - آكتن - لندن)، التي ينتظم فيها أولادي للدراسة، بانتظار جرس المدرسة للانصراف، حين أشارت لي لأنظر على يميني إلى رجل في الخمسين من عمره جاء ليصحب أطفاله إلى البيت.

قالت ربيعة مستجيبة لنظرتي المتسائلة عن شأن هذا الرجل: هذا جارنا، اسمه (بيتر) وهو رجل نبيل ورائع، لا يمر بي إلا ويلقي عليّ التحية الصباحية مع ابتسامته الجميلة ومحياه البشوش، ذو أخلاق طيبة ونفس رحبة، ساءني أنه أخبرني (وبدأت عيناها تدمع) أنه مُصاب بالسرطان، وفي مرحلة متقدمة، وأخبره الأطباء أن المرض منتشر في (الرئتين) وأن ما تبقى له في الحياة حسب الفحوصات الطبية ونتائجها.. ستة أسابيع فقط!

كانت ربيعة تحكي قصة الرجل، وأنا أنظر لرجل مختلف تماماً عن الذي ربما تقصده، كنت أنظر إلى رجل طويل منشرح يُشارك في حوار مرح وبشغف مع بعض أولياء الأمور، كان شعلة من النشاط والفكاهة، وكان يضحك ويمازح بدون آلية أو تصنّع!

دق جرس الانصراف وخرج الأطفال في طوابير منتظمة وبهدوء إلى الفناء الخارجي، ثم اصطحبت أطفالي وعدت ومعي

ذلك الرجل في ذهني، تعاطفت قطعاً مع قصته وأدهشتني حقيقته وسلوكه.. وداعا أيها النبيل.

وبعد ثلاثة أشهر التقيت مع ربيعة في أحد لقاءاتنا الثقافية التي تُقام كل جمعة في التنمية الذاتية، وبعد اللقاء جلست أتحدث معها ولم أسأل عن جارها (بيتر)، وإذا بها تخبرني بأنها كانت التقت معه بعد حفلة عيدهم وأنها كانت تسأله إذا كان يشعر بالحزن فربما يكون آخر عيد يحضره مع عائلته، فأجابها قاطعاً: أبداً! ولا للحظة شعرت بأنه آخر عيد لي معهم، أنا أشعر أنني بخير وسأكون معهم دوماً!

عزيزي القارئ.. اليقين التام والشعور الخالص والتفاؤل الذي كان يؤكد عليه حبيبنا محمد صلى الله عليه وسلم: "تفاءلوا".. وجده (بيتر) فعلاً، فقد أخبره الأطباء بتعجبهم أن نسبة المرض عنده انخفضت 50% عما كانت عليه، وأنه تبعاً للفحوصات الحالية، فرصة حياته تكون لأكثر من عامين وفي أمل أن يختفي المرض تماماً، إذا أراد هو ذلك!

قال الله تعالى:

﴿وَإِذَا سَأَلَكَ عِبَادِي عَنِّي فَإِنِّي قَرِيبٌ أُجِيبُ دَعْوَةَ الدَّاعِ إِذَا دَعَانِ فَلْيَسْتَجِيبُوا لِي وَلْيُؤْمِنُوا بِي لَعَلَّهُمْ يَرْشُدُونَ ﴿١٨٦﴾﴾

[البقرة: 186]

ربك قريب جداً فكن كريماً مع نفسك بالدعاء والصدق والتفاؤل والأمل..

وقال الله عز وجل:

﴿ ادْعُونِي أَسْتَجِبْ لَكُمْ ﴾

سبحان الله! "ادعوني أستجب لكم"، وليس: "ادعوني وأستجيب لكم" ولا "ادعوني فأستجيب لكم". بل: "ادعوني أستجب لكم".. استجابة فورية، ليس بينها وبين اختيارك الدعاء فاصل زمني!

والله عند ظن عبده به فليظن به عبده ما شاء!

قال رسول الله صلى الله عليه وسلم: (تفاءلوا) اليقين: إنها البداية الحقيقية لنا جميعاً!

****

وردة في محطة القطار

انتهينا من يوم خصصناه للنزهة والتسوق مع الأطفال في مركز (ويستفيلد - لندن)، وكنا متعبين من طول اليوم والبرد الشديد، ونحن في الطريق إلى محطة القطار فقدنا محمد الصغير وعمره خمسة أعوام.. "أين محمد" الكل يتساءل.

عدنا نبحث بين المحلات على أطراف الممر الطويل وبين الزحام نرى هذا الطفل واقفاً أمام محل لبيع الورد الطبيعي كأنه لا يعرف أحداً، وصلنا إليه فالتفت بكل هدوء وأشار إلى الوردة قائلاً: "أريد وردة"! وأصر عليها.. أخذ وردة الجوري الحمراء ومشى أمامنا إلى محطة القطار(شيبردبوش)، دخلنا ونزلنا السلم الكهربائي ونحن نحرص على السير إلى آخر الرواق لنصل إلى آخر عربة في القطار كالعادة، ولكننا في هذه المرة ركبنا في العربة قبل الأخيرة، أفسحت لنا امرأة خمسينية المكان للجلوس، فجلست ابنتي مهيرة بجانبها، وأنا ومحمد وعمر في الجهة المقابلة، تحرك القطار وإذا بمحمد الصغير يهمس لي: "أريد أن أهدي الوردة لهذه المرأة!"

تفاجأت من قوله وهو الذي أربكنا في العودة بسبب ضياعه والوردة الحمراء ثم يقرر أن يهدي هذه المرأة وردته!

أخذ الوردة وتوجه إلى المرأة مباشرة، ناولها الوردة بدون حوار، ثم عاد متأرجحاً بسبب التفاف القطار أثناء سيره.. تفاجأت المرأة من هذه الهدية، ابتسمت بعمق وفرحة، حاولت أن تُعيدها لكنه رفض بل أصر أن تأخذها، احمر وجهها خجلاً ورأيت السعادة في عينيها وهي تنظر لزوجها الذي يشير لها بأن تقبلها من محمد، توقف القطار وعدنا.

ما هي قصة هذه المرأة التي التقت مع محمد ثم اختفت مع القطار الراحل؟! وما هي قصة موقف محمد ووردته؟!

عزيزي القارئ، إن الله عز وجل خلق كل شيء بقدر.. ليس هناك صدفة، إنما هي تصادف أحداث.. والذي يراقب حياته يحيا أحداثه ويستمتع بها وهو يقول "لا إله إلا الله".

تذكرت قول أحد الحكماء: "إن الله لا يحتاج إلى من يقترح عليه كيف يُدبر أمور كونه"!

فقط، راقب، وكن على يقين وثقة تامة أنه إذا فعّلت النية الطيبة فإن الحياة ستسير بك إلى الأماكن الصحيحة دوما.

ليست صدفة، بل تصادف للأحداث!

****

طريق العودة

من أكثر الحضور الذي يلفت انتباهي في لقاءات التنمية الذاتية التي كنت أنتظم فيها كل جمعة إحدى الأخوات، تأسرك دماثة أخلاقها وهدوؤها وحرصها الشديد على الحضور المنتظم والتعلم بوعي وتفكر وتدبر، ويُثيرك ما تلمسه فيها من صدق ومثابرة.. وتشعر نحوها بحب خالص في الله تعالى.

جلست معها يوماً في جلسة صداقة ومودة، ودارت أحاديث متفرقة.. حتى وصلت إلى نقطة الخيرية في بني آدم والتغيير وهداية التوفيق.. في وسط الأصوات تعلقت عيناي عليها وكأنني أستعد لنبأ عظيم، أدركت أن معها سرّاً خاصاً وهي ببساطة النفس الطيبة الصادقة تتأهب لتشاركني في بعض أجزائه، لم أرعها سمعي آنذاك.. بل تملكت سمعي وقلبي وذهني، كنت كلي آذاناً صاغية لها وتثبت نظارتها جيداً على عينيها.. لسان حالي يقول لها: أنا كلي معكِ، ويسعدني أن أعرف بوحك أيتها الحبيبة.

اعتدلت وقالت سونيا: "مثلي كمثل الكثير من المسلمين، ترعرعت في أسرة مسلمة بالوراثة، أعيش في لندن منذ أواخر التسعينات، وكنت بعيدة كل البعد عن الدين والالتزام، كنت متأثرة كثيراً بالثقافة الغربية قلباً وقالباً، وكانت ميولي تتبع ذلك من أدب فرنسي، وموسيقى غربية، وموضة وغيرها... كان طريقي

إلى الله والالتزام طويلاً.. بعيداً.. تفصلني عنه الكثير من الستائر الدخانية. بدأت بذور الإيمان تنمو داخلي دون أن أفطن لها منذ 11 سبتمبر 2001، عندما كنت أتحاور حول الإسلام مع أصدقاء غربيين في جلسات تحفها المعاصي، وما السبب الذي يدفع بمسلمين إلى الانتحار وقتل الأبرياء بغير حق وباسم الدين.

دفعني هذا للرجوع إلى البحث والاطلاع أكثر في الدين وتوابعه، وأصبحت حواراتي أكثر حماساً ما جعلني أضع علي نفسي نقطة استفهام عن موقعي في هذا الدين؟ فكنت كثيراً ما أشعر بالنفاق بداخلي.. فأنا من ناحية مؤمنة بالدين ولكن كنت أعيش على غير هداه. وفي نفس الفترة كان لي جوالاً يحتوي على كثير من الأغاني التي لطالما حرصت أن أسمعها في جلوسي ومسيري، كان من أهم أشيائي الخاصة، ومن شدة حرصي عليه أضعته يوماً.. قُهرت على فقدانه كثيراً، واشتكيت لأخي الحال، فأهداني أخي جوالاً جديداً مثله، وقد أنزل فيه تلاوة القرآن الكريم وبعض المحاضرات الدينية وأنا لا أعرف مُحتواه.. إلى أن فتحته لأستمع، وإذا بي أسمع القرآن يُدوي في مسامعي. كنت أنصت إليه كلما كنت في القطار في طريقي إلى العمل أو الجامعة، وعيوني تترقرق فيها الدموع من حسرتي على نفسي وعلى إسلامي وإيماني! وفي الفترة نفسها كنت علي صلة بشابٍ خلوق ونبيل

وكانت تجمعنا قصة حب، كانت المشكلة أنه لم يكن على دين الإسلام، وعندما أصبحت الأمور أكثر جدية من أن تكون علاقة عابرة، بدأ بداخلي صراع نفسي رهيب، وطبعاً طالت حواراتنا وجدالاتنا حول الدين والإسلام والالتزام.

وعندما سار الموضوع مسار الجد وطلب مني الارتباط والزواج، أصبح اختلاف دياناتنا هو العائق بل المشكلة بعينها.. طبعاً لم أكن مستعدة لأن أخسر نفسي ولا عائلتي ولا ديني الذي لم آخذه بعين الاعتبار منذ البداية.

عزمت آنذاك أن أُبقي على ما تبقى مني، وأن أُنقذ علاقتي بخالقي وربي وإلهي، فرجعت إلى الصلاة والكتب والمحاضرات والغوص في الجانب العقلاني للدين الإسلامي، فالمعاصي تميت القلب وكان علي أن أُحكِّم العقل في رجوعي إلى الله..

وإذا بي أُفاجأ أن زوجي بدأ يقرأ ويحاول الاطلاع على الإسلام وفي خضم كل هذا ذهب لإمام مسجد قريب من بيته وقص عليه كل شيء.. طبعاً الإمام أخبره أنه لن يقبل أن يزوجه مسلمة، فهذا لا يحلّ في شريعة الإسلام.. ولكن يمكن له أن يساعده على فهم تعاليم الإسلام، وبعد مدة اتصل بي وقال إنه قرّر إعلان إسلامه قبل حلول شهر رمضان بشهرين، وما أن حلّ الشهر الكريم إلا

كنا زوجين على سنة الله ورسوله.. فالحمد لله على جميع آلائه ونِعمه.

بعد الزواج ورجوعنا إلى الله معاً، والبعد عن المعاصي، لا زال غرور النفس وحب الدنيا قويين في داخلي، فرغم خوفي من الله وحرصي على نيل رضاه؛ إلا أنني ما زلت ضعيفة أمام حب الدنيا والنفس، غير مواظبة علي صلاتي، كثيرة الاهتمام بمظهري وزينتي.

الصراع في ترويض النفس علي البساطة، القناعة والرضا وترك المحرمات هي من أصعب ما يمر به الإنسان لأن دار الغرور دائمة الجذب ببريقها وزيفها..

حرصت على مشاهدة مقاطع فيديو محاضرات ودروس على اليوتيوب وبعض المواقع الإلكترونية في شبكة النت لمواضيع تتعلق بالإسلام، وبُهرت بشخصيات غربية أسلمت.. رغم الصعوبات التي تلقاها هؤلاء أمثال يوسف إستيس، يوسف إسلام، جاشوا إيفينز.. في تعلم اللغة والدين، وإتقانهم، لأنهم يعيشون الإسلام وكأنهم ولدوا عليه فهم جاهدوا أنفسهم للالتزام بالدين ولا يعيشون إلا من أجل ولأجل الدعوة.

كنت أخجل من نفسي لأنني لم أفعل شيئاً من أجل إسلامي، فكنت أموت ألف مرة كلما قرأت قوله تعالى:

"ألم يَئنِ للذين آمنوا أن تخشع قلوبهم لذكر الله"، وبعد ما أنجبت ابني الثاني بستة أشهر أنعم الله علي بقرار الالتزام بالحجاب واللباس المحتشم.

رغم كل مغريات الدنيا الحسية والمادية ورغم كل أوهام السعادة بالحرية والاستقلالية إلا أنني لم أعرف قط سعادة أروع وألذّ من تلك التي تتبع التوبة والإنابة والعبادة والخضوع لأوامر الله، ولم أجد عزّة أتمّ من الاحتشام والستر.. اللهم ثبتني وإياكم على طاعته".

****

إذا بدأت وصلت

رنّ هاتفي مساءً وأنا اقرأ كتابي، فإذا على الخط ابني (منصور)، وكان بعيداً عني، تفصل بيني وبينه آلاف الأميال، ولطالما كنت أُبسط الأمور ووقع الأحداث في نفوس من حولي، فكيف بولدي البعيد الذي فصلتني عنه دراسته ومتابعة مستقبله؟!

بدأ بالحديث وكالعادة نبراته الرائعة والنشيطة والمتفائلة، ربما هو حماس الشباب واتساع المدى لناظرهم.. وربما بِرّاً بي فلم يشأ أن يُشعرني بحجم الوضع الذي نمر فيه كلانا.. سألته وسألني، وأخذنا أخبار بعض بالتداول.. **ثم قلت له:** يا منصور، أنت تعلم أني أثق بك كثيراً، ولا بأس يا بني فهي أيام وتمر سريعاً، ابذل مجهودك، وأنت بإذن الله من الفائزين الناجحين.

قال لي: يا أمي اطمئني تماماً.. أنا إذا بدأت وصلت!

فاجأني بقوله هذه العبارة! "إذا بدأت وصلت"! أوقفتني الحروف والصياغة والمعنى.. يا لها من حكمة! شعرت لوهلة أن ابني أصبح شيخاً كبيراً حكيماً.. تزداد ثقتي به يوماً بعد يوم، ويتألق به إعجابي أكثر فأكثر.

من قال إن المُدَرِّس في فصل المدرسة هو فقط من يُعلم؟! من قال إن الأستاذ في منصة الإلقاء في الجامعة هو فقط من يعلم؟! قطعاً من أخبرنا بذلك لم يُصب.. ها هو اليوم ابني من يُعلمني حكمة، لم أجدها في كتب ولا مدارس ولا جامعات أو ربما لم أعِها من قبل، الحياة تُعلم بكل من فيها.. من جميع عناصرها، ومخلوقات الله فيها، من أحداثها ومواقفها ومكانها وزمانها.. كُلُّ منها تُرسل لنا رسائل.. فهل نحن مُستقبلون جيدون لدروسها.. صدقاً.. إن الحياة مدرسة.. ونحن تلامذة فيها.

أتساءل أحياناً: هل الهدف هو التعليم والتثقيف الصحيح، أم تشريب العقول بوجهات نظر الناس المختلفة؟! فهناك من يتمتع برؤية بحجم حبة البازلاء، لا تريد أن تكون منهم أبداً!

علمتني الحياة:

◆ أن أتبع تيار الحياة بإيمان، وأتركه يحملني إلى حيث يريد بإيمان.

◆ عندما أشعر بإيقاع الحياة أنتشي بسرور.

◆ وعندما أسمعها تتحدث إليّ أُنصت بأدب وامتنان.

◆ وأسير إلى حيث تحملني بثقة، مهما كانت الحقيقة غير قابلة للتصديق عند الكثير!

إذن فقط هي أول خطوة، هي فقط أول مبادرة، هي فقط أول حركة، هو فقط أول قرار.. وبعدها تستمر الحركة لجهة الوصول بانسيابية وسلاسة مع اتجاه التدفق.. فاجعل السير جميلاً ويكتمل الجمال إذا كُنت مُدركاً إلى أين تسير.

العالم يتغير

دخل منصور الكلية وابتعد كثيراً وزمناً طويلاً نسبيا لبعد المكان ما يقارب شهر ونصف الشهر، خلال هذه الفترة كان يهاتفنا بين الحين والآخر، فسألته بعد عودته ولقائه مع إخوته وأصدقائه: كيف حال من لقيت بعد هذا الغياب الطويل؟!

قال: يا أمي، كل العالم تغير منذ أن دخلت الكلية! ثم صمت.. **وقال:** ربما أن العالم كله تغير في نظري! ثم صمت.. **وقال:** يبدو أني أنا الذي تغيّرت!

نعم أنت تتغير كل ثانية، وهذا الذي حدث مع منصور ومعك ومعي، فأنا كذلك رحلت وعدت فقلت في نفسي: (رحلت وعدت وكل شيء: المدينة، الناس، الشوارع، الأشجار.. كل شيء كما هو.. والحقيقة أنه كل شيء تغيّر حتى أنا!)

لا شيء يبقى كما هو، في كل ثانية يحدث التغيير، أنت لست أنت قبل أحد عشر شهراً، جسدك يتبدل، فسيولوجياً

الجمجمة تتبدل كل أربعة أشهر، والقلب يتبدل كل ثلاثة أشهر، والجلد يتبدل كاملاً بخلاياه كل أربعة أشهر، والمعدة تتبدل كل خمسة أيام.. وهكذا.. أفكارك ومشاعرك وزوايا نظرك ومستوى إدراكك للأمور ووعيك بجوانب الحياة، كلها تتغير.

التغيير منهج الأنبياء والعلماء والحكماء، كان النبي محمد عليه السلام يقول: "كنت قد نهيتكم عن زيارة القبور فزوروها"، وهذا للنساء، فكان التغيير في الأحكام والفتيا وارداً جداً ولا شيء فيه، وأصحاب النبي يتوافقون مع التغيير في زمن النبي عليه السلام.

الحرص على التغيير للأفضل هذا هو هدف الإنسان السويّ، هناك من يبحث عن الأدلة والبراهين ويتبعها بعلم وإدراك ووعي بدلاً من العادات.

ومن المفاهيم التي يتبناها التغيير الصحّي:

1. أن التميز يكون مع نفسك فقط، أين أنت الآن من نفسك في السابق، ما هي نسبة التقدم التي أحرزتها.

2. كذلك نسبة التعرف على الآخرين، قناعاتهم، سلوكهم، مدى المشاركة معهم، تطوير فن السماع لديك، قال تعالى: "ولو علم فيهم خيراً لأسمعهم"!

3. أن نقبل الآخرين كما هم، فالقبول والانفتاح يعني القوّة، الإنسان الذي ينغلق ولا يقبل الآخرين إنسان ضعيف، هو يخاف منهم ومن تغييرهم ومن تأثيرهم عليه.

4. أن تقتنع بمفهوم (الاختلاف) لا (الخلاف)، فالمجتمع المُحمدي كان منفتحاً قائماً على الاختلاف طلباً للتكامل، فقد كان بلال (حبشيّاً أسود)، وكان سلمان (فارسياً)، وكان صهيب (رومياً)، وأبو موسى الأشعري (يمنياً)، وأبو ذر الغفاري (عمانياً)، وهكذا...

القبول هو قبول الاختلاف، وقديماً قيل: "هذا اختلاف تنوّع وليس اختلاف تضاد".. بذلك نحن نتكامل معاً.

لا يكفي أن نخلع النظارة لكي نرى جيداً، بل نحتاج لإعادة برمجة العين نفسها للنظر وتحديد زوايا جديدة لاتجاه الرؤية، ومراقبة تفاصيل تجعل المنظر أبهى وأجمل دوما ومراراً.

أنت حُرّ في مشاعرك وأفكارك وحياتك الخاصة ومدى انتقائك لأصدقائك وخاصتك، إنما الجميل أن تتحلى بقبول خلق الله عز وجل:

﴿يَا أَيُّهَا النَّاسُ إِنَّا خَلَقْنَاكُم مِّن ذَكَرٍ وَأُنثَى وَجَعَلْنَاكُمْ شُعُوبًا وَقَبَائِلَ لِتَعَارَفُوا إِنَّ أَكْرَمَكُمْ عِندَ اللَّهِ أَتْقَاكُمْ إِنَّ اللَّهَ عَلِيمٌ خَبِيرٌ ﴿١٣﴾﴾ [الحجرات: 13]

فكم سيكون العالم مملاً لو لم يتغير الناس مع الحياة والوجود!

أغلقت عليا الكتاب وكتبت في أوراقها الخاصة:

أُعيـــــد صياغة رسـم حـروفي

وأكتـــب مـعنى لكل حيــــاتي

وتخطّ بعض الأفكار..

(راجع نفسك بين الحين والآخر.. إلى أي مدى أنت وصلت؟!

يمضي معظمنا كثيراً من وقته في عالم دنيوي متناهي الصغر تعرقله طاحونة الحياة اليومية. معزولاً عن الحياة الحقيقية بحيث نفقد رؤيتنا للاستثنائية المذهلة لوجودنا!)

واستسلمت لنوم عميق وهي تردد في روحها: (وأنا! ما هي رسالتي في الحياة؟!)

كانت هناك أصداء عبارات تردد في لا وعيها، أصداء وهتافات وكلمات.. ربما تُريد أن تقول لها شيئاً خاصاً، مازالت الأصوات ترحل عبر أثيرها وهي نائمة:

◆ أبقِ على ما تبقى منك: التحرر داخلياً من كل شيء، والشعور بالرضى والحياة، أنت خُلقت حُراً! كُن واعياً للنعم العظيمة من حولك، واحفظ حُرمة مكانك الخاص.

◆ أنا أُفكر يعني أنا أُؤثّر، أنا أتفكر يعني أن أتأثر!

◆ اسأل سؤالك واحصل على إجابتك، ولا تعش في دائرة الظنون تائهاً.

◆ كل ما يمكنك منحه اللحظة الراهنة، وكل ما تملكه أساساً اللحظة الراهنة، قالت عائشة رضي الله عنها: "كان النبي عليه الصلاة والسلام يتحدث معنا ويعمل في البيت كأحدنا، فإذا سمع الأذان قام كأنه لم يعرفنا قط اشتغالاً بحرمة الصلاة"، تطبيق عملي على العيش في اللحظة وعدم خلط الأوراق والأمور والمُهمات!

◆ ليست كل الأماكن على الأرض مثبتة على الخريطة.

- ◆ هل أنتِ وسط الازدحام؟

- ◆ الإحسان على الآخرين: بموقف، بسلام، بابتسامة، بالتماس عذر، بدعوة، بحب، بتقدير، بثناء، بشكر، بهدية.. فإنك تُحسن إلى نفسك!

- ◆ سترى بأن العلم هو البلّور، وأن الحقيقة في نور الرحمة تدور.

****

كان الجوّ غائماً رائعاً، يتساقط بعض المطر الخفيف هنا وهناك بين فترة وأخرى، أجمع الكل أن هذه الأجواء لا تُقضى في البيت، وسرعان ما أعدت النساء العُدة للذهاب إلى (العزبة) وقضاء هذا الوقت هناك بين التلال والسحاب والمطر، تم رفع صناديق الماء وبعض الأواني المُغلقة بإحكام تحتوي على طعام شهي، وحقيبة تحتوي على الفناجين وحافظات القهوة والشاي، وبعض المكسرات والبسكويت للتسلية، وحصيرٍ كبيرٍ وبعض فراش الطعام المصنوع من البلاستيك.

تحركت السيارة بقيادة لطيفة إلى العزبة، وكانت القافلة مكونة من النساء والأطفال.. وانتشر الأطفال بين التلال يلعبون

ويركضون ويتزحلقون على المنحدرات ببعض ألواح البلاستيك المُقوّى، والجدة فطوم وسلامة يجلسن على الحصير، لطيفة تُنهي مُحادثة هاتفية من عبد الله يوصيها ببعض الأمور الخاصة بالأسرة، وعليا تنساب مع التلال سيراً بقدمين حافيتين، هل تبحث عن بنت المطر؟! أم تُحاول أن ترى مدى صدقها في الحياة كلما عانقت قدماها التراب! مشت كثيراً وابتعدت عن العزبة، التفتت للخلف وإذا بالصغار على رأس التل الكبير ينادونها بأعلى أصواتهم، لا تبتعدي كثيراً، عمتي سلامة تقول لك عودي!

عادت عليا التي كان يأخذها الطريق الفرعي شمالاً من مكان حظائر الغنم وخيمة الجدة، تنساب مع الوجود، رمالاً، دروباً، سماءً، سحاباً، شتاءً... هذه الأجواء تأسرها، فتشعر كأنها منها.. عادت تسير مُتباطئة في مشيها، وهي تفكر: وما هي رسالتي في الحياة؟ حيث كانت خطواتها كأنها تسمع صوتاً! أنصتت أكثر..

قال الصوت: "رسالتك يا عليا هي مُتناغمة مع رسالة خلق الله جميعاً، كُلها تنسجم بعضها من كُلّ إلى جزء، فالكون من سمات رسالته في الوجود (التوسّع والانسجام والجمال والانعكاس لصفات الله عز وجل)، فكل شيء مُنسجم في الكون، لا تعارض ولا يتصادم ولا يتقاطع، القوانين في الكون انعكاس لصفات الله عز وجل، "أنفق يا ابن آدم يُنفق عليك.. اللهم آتِ مُنفقاً خلفاً،

اللهم آتِ مُمسكاً تلفاً)، (من لا يرحم لا يُرحم)، ورسالتي أنا سماتها تنبثق من سمات رسالة الكون وهي: (السكن والاستقرار والعطاء).. (الذي جعل لكم الأرض فراشاً - ولكم في الأرض مُستقر - أُنظروا إلى ثمره إذا أثمر وينعه، إن في ذلك لآيات لقوم يوقنون).. العطاء قانون كوني أزلي، بل إن الحياة تقف عندما يتوقف العطاء!

قالت عليا: وأنا؟! ما هي رسالتي، وكيف أعرفها؟!

قالت الأرض: رسالة الإنسان العامة واضحة جليّة لمن يُدركها، فعمارة الأرض والتعلم والتطوير والانتماء والانسجام والتناغم مع الوجود والتآلف مع خلق الله عز وجل في صميم رسالتك يا عليا! قال تعالى: "يا أيها الناس إنا خلقناكم من ذكر وأُنثى وجعلناكم شعوباً وقبائل لتعارفوا، إن أكرمكم عند الله أتقاكم، إن الله عليم خبير".. ولتعلمي أن كل إنسان على وجه الأرض له رسالة يؤديها، لكن البعض ضيّع رسالته فهو يعيش بجهل مُتخبطاً بين ثنيّات الدنيا، فلا يكون مُنتجاً على سطحي، هنا أتدخل أنا ليكون مُنتجاً في بطني بأمر الله عز وجل!

زادتِ حيرة عليا وهابت كلمات الأرض قائلة: وأنا، كيف أعرف رسالتي الخاصة! ما زلت في حيرة من أمري!

أخبرتك البئر ببعض علامات إن اتبعتها تكتشفين رسالتك الخاصة في الحياة، فالحياة رموز وحروف وأرقام ومشاعر تجتمع لِتكون نمطك في الحياة وتوضح رسالتك فيها، ولكن أبسطها هو مدى شعورك الطيب والإيجابي وأنت تحيينها وعيشك لحظة بلحظة، كذلك مدى إنجازاتك النافعة الخيّرة، حيث إنها إذا زادت البركة في إنتاجيتك وعطائك كلما كنت بانسجام مع رسالتك الشخصية، أنك كلما ازددت عمقاً وصمتاً وخشوعاً وسكوناً سترين عناصر رسالتك الخاصة، فالمنسجمين يعمرون الأرض حيثما كانوا.. (المؤمن كالغيث، أينما وقع نفع)، تجدين نفسك تتغيرين كل يوم للأفضل، لوعي أكبر وإدراك أوسع، تنظرين للحياة بمنظور جديد، كل يوم تتضح الرؤية أكثر فأكثر، حينئذ ستعلمين أنك تحيين برسالتك الخاصة!

وصلت عليا إلى موقع اجتماع الرحلة وافترشوا الحصير، الأطفال متمددون على أطراف الحصير، والجدة تجلس بينهم والكل حولها في سعادة وخير وحُب، تناولت عليا بعض الفواكه وشربت ماءً...

قالت سلامة: كانت جدتك ستبدأ في قصة لا تحلو إلا منها، وأرسلت الصغار لمُناداتك، ما الذي أخّرك في السير؟!

قالت عليا: كان عندي حديث خاص مهم جداً لكي أعي الآن ما ستحكيه جدتي الحبيبة..

قالت الجدة: وهل أدركت الحديث جيداً يا عليا؟ أنت تستحقين أن تحصلي على الإجابة التي طالما أرّقتك هذه الأيام. علمت سلامة بأن أُمها تسبر أغوار ابنتها، وأن الاثنتين منسجمتان تماماً وعلى إدراك بذلك.

بو صيحة

تابعت الجدة وهي تشير بيدها كأنها تمسح المنطقة جهة التل الكبير والحظائر، في مثل هذا التل كان يسكن رجل وزوجته وابنته وأخته، وكانت أخته وابنته في عمر مُتقارب، فتاتان شابّتان في مُقتبل الحياة، إلا أن زوجة الأخ كانت تتضايق من وجود أخته (روزة)، وكانت تظلمها دوماً بإثقالها بالأعمال، بل تكيد لها وتُطيل في شقائها، وروزة تشعر بذلك، وتضيق بها الدنيا في بيت أخيها إلا أنها لا تدري ما هو المخرج من هذه الحالة المريرة التي تعيشها معهم.

وكانت إذا أصبح الصباح تُناول ابنتها حبلاً قوياً، وتُناول روزة حبلاً مُهترئاً قديماً، لتحتطب الفتاتان، وتبتعدان إلى مواقع الحطب والأشجار اليابسة فتجمع الفتاتان حطباً كثيراً، فأما (مصيفة) فتحزم الحطب بحبلها القوي وتعود أدراجها إلى بيت أبيها، وأما روزة فكُلما ربطت حزمة الحطب بالحبل انقطع،

فتربط بقاياه وتُزيل جزءاً من الحطب فيقّل حطبها، واستمرت على ذلك إلى أن تأخر الوقت، جلست تبكي بجوار حطبها، وإذا بصوت يهمس قريباً منها، التفتت وإذا به ثُعبان طويل يتحدث معها ويقول لها: لا تبكي، اجمعي ما شئت من حطب، وسألتفّ حول الحزمة واحملها وأنزلها برفق، سأفعل ذلك مُقابل أن تطلبي من أخيك أن يُزوجني إياكِ.

كانت روزة تبكي من الحزن على حالها في بيت أخيها، فإذا كان المخرج هو هذا الثعبان التي لا تعرف سرّه فليكن، وافقت روزة على طلب الثعبان وحملته إلى أن وصلت أنزلته برفق ثم دخلت على أخيها وأخبرته، ورغبة من زوجة الأخ في الخلاص من روزة شجعته على الموافقة، فتزوجها الثعبان ودخل في إحدى الحظائر الفارغة أبعد ما تكون عن البيت، ودخلت روزة في الحظيرة مودعة العالم وهي تعلم بأن لدغة واحدة ستودي بحياتها.

باتت روزة في الحظيرة والثعبان واقترب منها وبدأ يثقب أذنيها وهي تصرخ، وكلما علا صراخها، ردت زوجة أخيها الخبيثة: "اِلدغ وزِد"!.

وعندما أصبح الصباح، رأوا مكان الحظيرة قصراً عظيماً، وروزة تلبس أجمل الثياب وأبهى الحُلل، وتتزين بأرق أنواع

الذهب والحُلل، فما كان لغيظ زوجة الأخ حد آنذاك، التفتت لزوجها وأصرت على أن يشرع في البحث عن ثُعبان ليزوجه ابنته مصيفة، لكي يكون قصرها أكبر من قصر روزة، وتحتَ ضغط طلبها عاد الزوج حاملاً ثعباناً أرقط عملاقاً له فحيح وصيحة، في البادية يطلقون عليه اسم "بو صيحة"، وحجزوا مصيفة معه في حظيرة، والثعبان يهيج وينتفخ من الغضب وينساب في دائرة الحظيرة ثم يعود إلى مصيفة فيلدغها، كلما صرخت مصيفة ردت أمها من بعيد وهي **تقول**: "ثقّب وصوّغ"، إلى أن زاد لدغها وخفت صوتها، وما إن أصبح الصباح حتى خرجت الأم لترى القصر، ولكنها وجدت ابنتها مُنتفخة من سُم الثعبان، ميتة في الحظيرة والثعبان قد وجد له مخرجاً فخرج منه عائداً لصحرائه وحياته! بكت الأم طويلاً على فقدها لابنتها، وندمت على فعلها وتابت لربها وأنابت له، وقضت بقية حياتها مُحسنة لمن حولها، لعل الله يغفر لها صنيعها بابنتها.

تكون العدالة قاسية خاصية على الذين حرموا غيرهم منها!

قالت لطيفة: "الظُلم ظُلمات"!

أنت جزءٌ من الكون، وكلنا نخضع لقوانين كونية اعتمدها الله عز وجل في الكون وأجزائه، **من قوانين الُكون**: لا يلوم، لا يعترض، لا يقف، بل ينسجم ويتوافق ويتناغم مع مكوناته.

فالنهر يسير في طريقه فإذا اعترضه عائق غيّر مساره وأكمل طريقه ومضى.. ونحن كذلك نُبحر نحو الموطن الأصلي كل يوم.. وتذكر:

لتكن ممر اتك فوق السحاب!
كل شيء في الكون منظّم إلا طريقة تفكيرنا!

هيّن مـردّك للفـرج يـا أكبر الضيق

دام اللـيـــالي تقـتـفيها الليـالي

هي بس تبغي طـول صبر وتوافيـق

وأشيل هـمّ النـاس كله لحـالي

وعمر المرّبط مـا يسـوق المطاليـق

والحرّ مـا ترضيـه غير المعـالي

يا صاحبي وإن زاد ظـلم المخاليـق

فلا تحسب أن الله عـن الخلق سالي

والطيب يمحي العيب وعرف المواثيق

والّا الخطا ماله عـلى الطيـب والي

قضت سلامة وابنتها أياماً طيبة مع والديها، كانت من أجمل الأيام، وها هي الليالي تنقضي لتتمتع الجدة فطّوم بصحتها ثانية،

وها هي تمشي بدون العصا، تتماثل للشفاء سريعاً، الكلّ في خير وعافية وسعادة وأكثرهم إشراقاً روح عليا التي كأنها تتفتح من جديد، تعلمت عليا أن الحياة أكبر من أسوار المدرسة، وأوراق الكتب، وما هي إلا رموز تحاول أن تُجيدها لتتمكن من السير في مُحيط الحياة بثباتة وقوة وصواب، فقد أخبرتها لطيفة وهي تشرح لها بعض الآيات الخاصة ببني إسرائيل عندما رفضوا أمر الله بدخولهم الأرض المقدسة التي كتب الله لهم:

"وإذ قال موسى لقومه يا قوم اذكروا نعمة الله عليكم إذ جعل فيكم أنبياء وجعلكم ملوكاً وآتاكم ما لم يأتِ أحداً من العالمين، يا قوم ادخلوا الأرض المُقدسة التي كتب الله لكم ولا ترتدّوا على أدباركم فتنقلبوا خاسرين".. أنهم كانوا يفتقدون صفات أربع منعتهم من الدخول، وهي كما وردت القرآن الكريم كالتالي:

1. الشجاعة والنفس الحرّة الأبية:

﴿ قَالُوا يَا مُوسَىٰ إِنَّ فِيهَا قَوْمًا جَبَّارِينَ وَإِنَّا لَن نَّدْخُلَهَا حَتَّىٰ يَخْرُجُوا مِنْهَا فَإِن يَخْرُجُوا مِنْهَا فَإِنَّا دَاخِلُونَ ﴾

2. الثقة والتوكل على الله:

﴿ قَالَ رَجُلَانِ مِنَ الَّذِينَ يَخَافُونَ أَنْعَمَ اللَّهُ عَلَيْهِمَا ادْخُلُوا عَلَيْهِمُ الْبَابَ فَإِذَا دَخَلْتُمُوهُ فَإِنَّكُمْ غَالِبُونَ وَعَلَى اللَّهِ فَتَوَكَّلُوا إِن كُنتُم مُّؤْمِنِينَ ﴾

فاللحظة التي تتردد فيها سيختفي هدفك!

3. الحركة والإنتاج والعطاء:

﴿ قَالُوا يَا مُوسَىٰ إِنَّا لَن نَّدْخُلَهَا أَبَدًا مَّا دَامُوا فِيهَا فَاذْهَبْ أَنتَ وَرَبُّكَ فَقَاتِلَا إِنَّا هَاهُنَا قَاعِدُونَ ﴾

4. الوحدة والأخوة والترابط:

﴿ قَالَ رَبِّ إِنِّي لَا أَمْلِكُ إِلَّا نَفْسِي وَأَخِي فَافْرُقْ بَيْنَنَا وَبَيْنَ الْقَوْمِ الْفَاسِقِينَ ﴾

وكانت العقوبة الحازمة من الله عزوجل:

﴿ قَالَ فَإِنَّهَا مُحَرَّمَةٌ عَلَيْهِمْ أَرْبَعِينَ سَنَةً يَتِيهُونَ فِي الْأَرْضِ فَلَا تَأْسَ عَلَى الْقَوْمِ الْفَاسِقِينَ ﴾

فإذاً يا أُمة محمد، حين يُقدم أحد على اتخاذ قرار عليه أن يتحلى بهذه الأربع صفات، بل يجعلها ضمن منظومة حياته لأنها من أهم عناصر الرسالة الإنسانية: (الشجاعة، اليقين، الوحدة، الإنتاج والعطاء).

لا تُمرض نفسك، كُفّ عن ذلك! سموم الذهن تتجسد سموما في الجسد، رجاءً خفف من حمولتك لمواد السامة في: الجسم، النفس، العقل، القلب، الروح.. أنت الأهم! من يختار وضع الجمود يُدفن حيّاً! فلا تقف مكانك واختر وضع العبور دائماً.. إن الشجرة إذا علقت فيها سكين أو مسمار فإنها تنمو والبقايا في داخلها!

كُن حيا في مكان ما..

أنت تصنع عوالمك بنفسك..

التعاسة والتشاؤم، السعادة والتفاؤل، الركود والملل، العطاء والأمل.. أنت رُبان سفينتك!

قال حكيم:

قلب نظيف	=	حُـــبـــاً كــــبــــيراً.
عـقل نـقـي	=	وعـيـاً عـالـيـاً.
روح طاهرة	=	إيـــماناً قـــويـــاً.
جسد سليم	=	العافية والصحة.
والأربـــعــــة	=	الحـيـاة الطـيـبـة السعادة الحقيقية.

الأحجيات الشعرية

الدخان يُعلن رحلة طيرانه الخاصة بحضور العائلة الرائعة، فها هو راشد يدفع بعض الأخشاب بهدوء وسط توهج الجمر مُستمتعاً بجلسته بجوار رفيقة عُمره الجدة فطوم، تفوح دلة القهوة بالزعفران والهيل، وتنشر دلة الحليب رائحة الزنجبيل العطرة في هواء الخيمة، الكل متواجد وحاضر وحريص على التواجد في اللحظة التي تجتمع فيها العائلة الكبيرة، لطيفة تُعد عشاءً مميزاً الليلة على شرف الحاجة مريم التي عادت من رحلتها إلى مكة لأداء العمرة، تنوعت الأطباق على فراش الطعام الذي تم مده على الحصير المُزركش في أرض الخيمة بين الوسائد على الطرف الآخر بعيداً عن الظلّ، تناول الجميع طعامهم وعادوا حول الظلّ، كانت سلامة تُراقب توهجّها الأخّاذ الذي يعبر بالمرء من خلالها عَبر الزمن.

سارت سلامة بعيداً إلى حقبة أجدادها، كانت صغيرة آنذاك وشديدة التعلق بهما، ربما أن الروح الارتباط بعائلة معينة من أجل شخص خاص فيها، ربما الأم أو الأب أو الجد أو الجدة أو أحد الإخوة، فكرةٌ عابرة تمر بين أفكار سلامة كعادة أسراب أفكارها التي تسري في كل فضاء عَبَرَ الأثير، تُحاول أن تتذكر جيداً ما هي أحاديث جديها.. كانت كلماتهم محدودة، وحروفهم مُختصرة، لا تذكر مرة أنهم خاضوا في سيرة أحد من الناس، كانوا مشتغلين بأحوالهم في كل آن، ها هي تُمسك بيد جدتها وهي تصطحبها معها إلى عرس أحد أقاربها، تُسلم عليهم وتجلس لتُبارك لهم وتتعشى مع المدعوات من النساء وتعود، وها هي مرّة تزور أختها وتجلس معها في ظِلّةِ عريشها وتقدم لها الطعام (التمر والجامي)، وعندما التفتت لم تجد سلامة، فنظرت وإذا بها تعود مشياً إلى البيت، فتترك ضيافتها مُعتذرة، ثم تمضي وراء حفيدتها، وصورة أُخرى تتراءى لها وهي تسير مع جدتها إلى الطوي لتستسقي الماء في القِراب، وعندما تملؤها بالماء وتوكؤها ترفعها على ظهر الحمار الأسود (ما زالت سلامة تتذكره)، وقد وُسِّدت القراب بفراش من ليف حتى لا تؤذي الحبال ظهر الحمار، وتركب سلامة بين القرب ويسير الحمار في طريقه نحو البيت والجدة تتبعهما مشياً! ها هو طريق العودة من البئر إلى البيت

يمر بمحاذاة المكان التي كانت سلامة تلعب فيه مع أختها مريم وابنة خالهن غوية، ما زالت سلامة تتلفت بين أشجار الرمث وتتساءل: أين علّقت أقراطي الذهبية ذاك اليوم؟! فقد علّقت أقراطها الذهبية في شجيرة من شجيرات الرمث ثم عادت للبيت ونسيته، وعندما تذكرته بعد أيام عادت وبحثت عنه ولم تجده، كانت كل يوم تأتي لنفس المكان وتبحث عنه بين كل شجيرات الرمث المُتشابهة والتي تملأ السهل! بل كانت كل عام إذا مرت من هناك تقضي بعض الوقت في البحث عن الأقراط المفقودة! يا لها من طفولة وبراءة، يا لروعة تلك اللحظات التي قد حُفرت في الذاكرة الأزلية بعمق روح سلامة! ربما أورثت بعضاً من صفاتها وتأملها وحُبها للبساطة والرحابة والتغيير إلى أبنائها علي وعليا، بل رُبما انتقت أسماءهما بحذر عندما حرصت على معاني الاسم قبل جماله، فمعاني العلوّ والسموّ والارتقاء من أسمى المعاني وأرقاها.

شعور عميق يربط سلامة وتحاول أن تفهمه جيداً (الماضي – الحاضر – المستقبل) هي تشعر بأنها في الثلاثة معاً في آن واحد، وتشعر بأنها تنظر للأبعاد بعين بصيرتها في ذات اللحظة، الماضي وحنينه ودروسه، والحاضر بمتعته وعطائه، والمستقبل برؤيته وتفاؤله وأحداثه..

188

تبيّنت سلامة صوت أخيها عبد الله وهو **يقول**: سأذكر ألغازاً

ثلاثة، والذي يُجيب عليها بسرعة له جائزة!

وانتظر حتى يهدأ الجميع ويُصيخون السمع تماماً وبالفعل

سكت الجميع طمعاً بالجائزة، فقال عبد الله:

بسألك عن بنت لامست كفّ يسراك

وإن لامست كَفّ يمناك عيب وخطيّة!

بدأ الجميع يتساءل عن الحل، ويستعجبون هذا الشيء

الذي لا يُمسك باليد اليمين بل الأفضل أن يمسك باليد اليسرى

على خلاف العادة في الأفضلية لليمنى "تيمَّنوا"!

وبعد صمت ليس طويلاً، **قالت مريم**: الدلة!

كانت إجابتها صحيحة!

- لك النقطة الأولى يا حاجة! قال عبد الله.. **ثم تابع**: الآن

انتبهوا للغز الثاني..

يا ويّش شيخٍ كل همّه ركوع وسجود

جسمه نحيل ودمع عينه جاري

ملازم الخمس والناس في هذا شهود

يعمل طول عمره في خدمة الباري؟!

الكل يُفكر، ويجيبون إجابات غير صحيحة، وزادت حيرتهم وعبد الله يعيد اللغز مراراً عليهم.

ثم أجابت لطيفة: القلم!

كانت إجابتها صحيحة ودقيقة، جميلة بعض الأسئلة والألغاز التي تُثير التفكير وتُسرّع البديهة، وهذه العادة لعبد الله في كل اجتماع أو رحلة جماعية في البر أو المزرعة يُثريها بالألغاز والأُحجيات.

فزادهم الثالث وهو يقول:

أنشدك عن رجل عــنوا له مداوير

والكلّ وده بسرع الوقـــت يلقـــاه

ولهم بلاجـــات الروابــع منـــاعير

ومن الغريبة من عثر فيـــه خلّاه

مازال الجمع يُفكر ويُمازح ويتسابق في إلقاء إجابات أحياناً تكون قريبة المعنى وأحياناً تكون بعيدة كل البعد عن أطراف الحل، إلى أن قال **الجدّ راشد**: أنا عرفته! والجائزة لي!

قال عبد الله: تَمّ! بمعنى (بالتأكيد)، وما هو الحل يا أبي؟!

قال راشد: الحل هو "اللغز"!

كانت إجابته صحيحة، فأخذ الجائزة وهي عُلبة مُغلقة، وقال افتحها لوحدك يا أبي فأنت تستحقها وجدير بالحصول عليها..

ما زالت جلسة السمر مستمرة في تلك الليلة، وأجواؤها لا تُقاوم ولا تُعوّض.

قال عبد الله: أستأذنكم الآن فقد اقترب موعد نومي، فالغد يوم طويل في العمل.

حيّاهم وقبّل رأس والديه وانصرف..

قالت عليا لجدها: إذن الحل هو اللغز يا جدي!

قال راشد: نعم يا عليا! الكل يسمع اللغز، والبعض يفهم ويُقرب معانيه، والقليل من يعرف الجواب أو الحل.. كذلك شأن الحديث والعلم والمعرفة والحقيقة، هناك من يستحقون المعرفة الموجودة كاملة، والبعض نصف الحقيقة تكفيه، أما ذوو العقول البسيطة فرُبع الحقيقة يكفيهم وزيادة؛ فمستوى

الوعي والإدراك لا يتسع لكل الحقيقة، بل أحياناً تصعقهم الحقائق والمعارف الجديدة عليهم فيدخلون في دائرة الرفض والمقاومة والتكذيب، والله عزّ وجل نهى عن التكذيب في قوله عز وجل "ويلٌ يومئذ للمُكذِّبين" في سورة المُرسلات، وكُرِّرت في السورة عشر مرات! لِعظم العمل بالتكذيب عند الله عز وجل!

قالت سلامة: صدقت يا أبي، بل إن المُكذبين هم المشغولون بغيرهم دوماً، ليس لديهم منهجية في حياتهم، ولذلك هم في تصادم مع أصحاب الرؤى الذين يؤمنون بأنفسهم ودورهم في الحياة ويسيرون وِفقاً لخطط مرنة في حياتهم، فالناس الذين يحيون بوعي هم في الحقيقة الناس الذين يحيون الحياة الطيبة التي يُشير لها الله عز وجل في القرآن الكريم، لأن الوعي مُرتبط بالروح والنفس والذهن والجسد هم الذين يعيشون اللحظة تماماً، أما الذين يعيشون بغير وعي (لا يحيون اللحظة) هم في الحقيقة غير موجودين، تائهون عبر الزمن، تراهم أشباحاً، يجلسون معك أجساداً وليس ارتباطاً بينهم وبين أرواحهم.. لقد قرأت لأحد الحكماء يقول: "الاتصال الداخلي له مستويات مختلفة وهي: (التفكير وهو لغة الذهن) و(الإدراك وهو لغة النفس) و(الوعي وهو لغة الروح)، وحين سأله أحد طلابه عن كيفية رفع مستوى التواصل بوعي بل رفع الوعي ذاته! أجابه:

هناك الكثير من الطرق التي نسلكها، والأبواب التي نطرقها لنرفع مستوى الوعي، ومنها: الصمت والتفكر الطويل، وهناك فرق كبير وشاسع بين أُفكّر وأَتَفَكَّر، كذلك القراءة المستمرة وطلب المعرفة دائماً يرفع درجات الوعي، قراءة آيات القرآن بوعي وتدبر، النظر العميق في السُنّة الشريفة ومُصاحبة أهل الحكمة والجلوس معهم!"

قالت عليا: الكل يتحدث عن "عيش اللحظة" وبعضهم يُشير لها هنا والآن، أريد أن أفهم عُمق معناها وما ترمي إليه وتأثيرها علينا في حال غفلنا عنها وكثيراً ما يحدث ذلك، ليتنا نمتلكها تماما أثناء الصلاة، لصَحَّت صلاتنا.

قالت سلامة: يا عليا، كُلنا حولها نُدندن، الكُتّاب الواعون طبعاً، والعلماء والحكماء والأنبياء ومن يسير على نهجهم وطريقهم، تأكدي تماماً واستشعري معي الآن هذه الكلمات التي أقولها:

أي شخص يُمارس أعماله بوعي، ثقي تماماً أنه لا يقع في خطأ! لا أحد يستطيع إثارة غضبك وأنت في حالة وعي، بل إن الشخص لا يغضب إلا إذا فقد وعيه! لذلك النبي عليه السلام أكدّ كثيراً على هذا الأمر وأوصى به أحد الصحابة حين قال له: "لا تغضب".

خُروجك من اللحظة يجعل إنساناً مُستَعبداً (لأفكار، لمشاعر، لشعارات، لمبادئ، لأشخاص آخرين)، ويستحيل استعباد شخص يعيش في عمق اللحظة! لذلك من الصعب هزيمة إنسان لديه وعي!

الإنسان الواعي يا عليا، يحمل المسؤولية تماماً عن نفسه ولا يُلقي بأخطائه وتقصيره على الآخرين، ونظرته للأمور من حوله تكون نظرة موضوعية عميقة حيادية، الواعون هم من يُتقنون مسألة العفو والصفح والغفران وقبول الآخرين، الأشخاص الواعون هم الذين يُتقنون مسألة الوضوح والصدق والشفافية، هم يقبلون أنفسهم تماماً وصادقون معها جداً.. النبي عليه السلام كان مُحبّاً لأصحابه والناس حتى إن كل صحابي يظن أنه أحب الناس إلى النبي، إلى أن بادر عمرو بن العاص رضي الله عنه ليطمئن أنه أحب الناس إلى النبي عليه السلام، قال: فأتيته، فقلت: يا رسول الله، من أحب الناس إليك؟! قال النبي: عائشة، قلت: من الرجال؟! قال: أبوها (أبو بكر الصديق)!

الأشخاص أصحاب الوعي العالي يفعلون أعمالاً بسيطة إنما تقودهم نتائج عظيمة، مراحل حياتهم في قفزات كبيرة، التغيير مستمر ومتسارع، البركة حولهم سارية والبساطة تعمل

بفعالية، لا يتَصنّعون ويعيشون بجلود غير جلودهم هم يعيشون بأنفسهم، وما أجمل أن نكون نحن أنفسنا! كل إنسان بارع بطريقته الخاصة، كلنا شخصيات أُسطورة عظيمة، فاختر لنفسك دوراً عظيماً.

الأشخاص الأكثر وعياً هم مصدر للأمان والأمن والثقة لمن حولهم، لأنهم يشعرون في دواخلهم بأنهم يستحقون الخير والبركة والوعي والحياة الطيبة الكريمة التي ذكرها الله عز وجل (ولقد كَرّمنا بني آدم)!

الأشخاص الذين يتميزون بالوعي العالي، لديهم فطنة وذكاء ومبادرة ويقبلون التحدي ويُعرفون بسرعة البديهة!

بو نواس

قالت الجدة فطّوم: أما سرعة البديهة، والنباهة فقد سبقكم إليها "بو نواس" الذي تميّز بذكائه ودهائه وفطنته وسرعة بديهته وكيفية قياسه للأمور وحلها بمكر وحيله، وله من المُغامرات والمواقف ما سجّلها في ذاكرة من كان في زمنه ومن تلاهم بعده، وأذكر من مواقفه أنه ذات مرة جلس مع "الشيخ خليفة" الذي يُقرّبه إعجاباً بدهائه وفطنته، كان يتناول طعام العشاء فقال بو نواس من ضمن الأحاديث: يا شيخنا لو أخبرك أحدهم بموت والدتك حفظها الله، ما أنت فاعلٌ به؟! قال الشيخ: سأقطع رقبته من فوره! فأسرها الناس والحضور في نفوسهم ليسلموا برقابهم من سيف الشيخ إثر نقل أي خبر سيء للشيخ.

ودار الزمان وكان الشيخ في رحلة صيد بعيدة مع رجاله، وتوفيت أُمّه في غيابه، فاحتار القوم من ينقل خبر وفاتها لابنها الشيخ خليفة، وخافوا جميعاً بل أوكلوا مهمة نقل خبر وفاة أم

الشيخ لبو نواس، احتار بو نواس بهذه المُهمة، وأراد استخدام ذكائه للخروج من هذا الموقف العصيب الذي نتيجته توعد بقطع الرقاب، وصل بو نواس خبر أن الشيخ خليفة سيصل إلى قبيلته في غضون يومين تقريباً، فأخذ خيمة له ونصبها على مشارف القبيلة بحيث القاصد لها لابد من عبوره من هذا الطريق وهي واضحة للعيان، كانت الخيمة قد خِيطت على شكل أربع طبقات، ثم زادها (سناح) بمعنى (طبقتين زيادة لتُصبح ست طبقات)، ثم فردها ونشرها لتكون أوسع، ثم هدم الأعمدة ولّفها وحملها ونصبها في موقع آخر، وبدأ يرفعها ويفردها ثم يضم الطبقتين الإضافيتين، وظلّ على هذا الحال بين البناء والهدم، فوصل الشيخ والفرسان ومروا عليه وهو على هذه الحال، فسلموا عليه وسأله الشيخ خليفة وهو يتصدر الرجال قائلاً: ما هي أخبارك يا بو نواس؟!

قال بو نواس: ليس معي أخبار أطال الله عمرك في الخير.

قال الشيخ خليفة: أراك تعمل وتبني وتنشر وتُعيد يا رجل! ما خطبك؟!

قال بو نواس: نعم طال عمرك.. "أجَشّعَ وأبَنّيَ، وأخباري أخَسّ عني!"..

قال الشيخ: كأنها العجوز توفّاها الله؟!

قال بو نواس: منك الخبر وليس منى من طال عمرك!!

وسلم بو نواس على رأسه ورأس القوم من القطع والأذى، وكان بو نواس كثير التنقل بين قبائل البادية والكل يعرفه في زمانه، وأحياناً كان يُثقل في مقالبه ومواقفه فيضيق منه الناس فيشتكونه للوالي، الذي أمر بحبسه لفترة من الزمن حتى يرتدع بل هددوا برميه في البحر، فكان ذات يوم الذي تُرك مربوطاً على عمود بجانب البحر، فلما رأى راعياً يمر بأغنامه من جانبه أخذ يصيح بصوتٍ عالٍ: "أرجوكم ارحموني، لا أُريدها، أنقذوني من هذا المأزق!" ويُعيد الطلب والترجي وهو يصيح ويبكي.

فاقترب منه الراعي قائلاً: من هي؟!

قال بو نواس: إنها ابنة مطلع الشمس، يُريدون أن يُزوجوني إياها وأنا لا أُريدها!

قال الراعي: أنا أريدها!

قال بونواس: تمّ! خُذ أنت مكاني، وأعطني قطيعك بالمقابل! فوافق الراعي وتم التبادل، وعاد بو نواس إلى القبيلة وهو يتبع قطيع الغنم الكبير، فرآه الناس وتعجبوا من أمره، فما الذي أتى به وهو مرميّ في البحر؟! فتقدم الشيخ ليسأله الخبر.

فقال بونواس: لقد فعلتم فيّ خيراً أطال الله عمرك في الخير، أنتم لم ترموني في بحر، بل ألقيتموني في جنة وهذا الماعز فقط

الذي استطعت أن أجمعه وأمتلك وما تركت خلفي أكثر وأكثر، وتعجبوا من أمره بل أخذ الخبر ألبابهم فكان الحراس يُلقون بأنفسهم في البحر طلباً للخير والغنيمة!

بل إنه اجتمع ذات يوم مع أصحاب له وتراهنوا على أن بو نواس وصاحبه لا يستطيعون الوصول لابنة الشيخ "الغالية" وخادمتها، فقبل بو نواس الرهان.

ثم قالوا له: تريث في قرارك وموافقتك فالغالية ليست كسائر النساء، ربما تقتلك أو يُصيبك مكروه منها.

زاد تحدي بو نواس وقبوله الرهان، ومضى هو وصاحبه شبيب وأناخوا مطاياهم التي قُلص فيها حمار وكبشا بمقربة من حصن الغالية، ثم أخذوا يجرون الحمار من ذيله ويجتهدون في سيره، والحمار لا يسير، وبو نواس **يقول لشبيب:** ما له الحمار لا يمشي؟!

قال شبيب: لست أدري! اسحبه أكثر لعلك لا تجره كفاية!

واستمرا على هذا الحال وأحدثا جلبة وصخب لفتا انتباه حراس الحصن الذين سألوهما فأخبراهم خبر الحمار، ربط الحراس الحبل في رقبة الحمار، **وقالوا:** هذا حمار ويقوده الناس من الأمام.

وعلّموهما الطريقة، وبو نواس وشبيب كأنهما أحمقان لا يُدركان، فشكراهم على مساعدتهم وانصرفا، ثم أحضرا الكبش ومدّاه على الأرض، وأمسكا بالسكين مقلوبة وبدآ كأنهما يريدان ذبح الكبش، لكنهما يمرران السكين على الذيل وباجتهاد وجدية! فأطلّت الغالية من شرفتها لترى سبب هذا الصخب والجلبة تحت الحصن فرأت بو نواس ينادي رفيقه: يا شبيب! لماذا الكبش لا يموت؟!

وشبيب يجيبه: لا أدري! اذبحه بقوة.

وكانت تراهما يستخدمون السكين مقلوبة على ذيل الكبش وليس على رقبته، فضاقت بهما وأمرت الحراس أن يذبحوا لهما الكبش، فذبحه الحراس مؤتمرين بأمر الغالية.

فقال الخادم لهما: الآن اسلخوا جلده، فأخذ بو نواس السكين وشق بطن الكبش كاملاً ثم قطّعه قبل أن يسلخه، فأمرت الغالية خادمها أن يسلخ لهما الكبش، ففعل.

فبدأ الصاحبان يستعدان لطبخ العشاء، فوضعا اللحم في القدر بجهة، ومنصب القدر في جهة، وأوقدا النار في جهة ثالثة، وجلسا ينتظران العشاء ينضج.

فقال بو نواس لشبيب: ما له العشاء لا ينضج؟!

قال شبيب: لا أدري ربما يريد زيادة في النار، يزيدوننا ويغنون، والعشاء لم يُطبخ بعد! **وهما يقولان:** ما هذه الحال منذ متى اللحم في القدر ولم ينضج؟!

كادت الغالية أن تفقد صوابها من غباء هذين الرجلين، فأخذت بيد خادمتها ونزلت من الحصن قائلة: تعالي نطبخ العشاء لننتهي من هذه المصيبة الملاصقة لحصني، والله ليفضحنا هذان الرجلان بصخبهما الذي يكاد يصل عنان السماء!

طبخت الغالية وخادمتها العشاء، وتم غرفه في صحن كبير وقدمته الخادمة لهما ليتناولاه ويرحلا من هنا. لكنهما بدآ يُكوران اللقمة من رز ولحم ثم يدسها في أذن شبيب والآخر يفعل كفعل الأول.

أمسكت الغالية برأسها: يا للهول! من أي سماء أصابتنا هذه المصيبة. **قالت لخادمتها:** أنا سأُطعم هذا – بو نواس – وأنت أطعمي الثاني.

فتناولا العشاء، ولما شبعا، **قال بو نواس:** نحن نشعر بالتعب والإنهاك، لقد كان يومنا طويلاً وشاقّاً.

فانتصبا مُتكأين على جدار الحصن.

قالت الغالية: ماذا تفعلان؟!

رد بونواس: ننام!

قالت: أهكذا ينام الناس؟

قال: وكيف ينامون إذن؟!

قالت: ينامون على الأرض وليس وقوفاً!

قالت لخادمتها: سيفضحنا هذان الرجلان، لا يعرفان إتقان شيء في الحياة، خذي هذا وعلميه كيف ينام! وأنا سآخذ هذا عندي لينام، فنام الجميع ولما كان وقت السحر نهض بو نواس وتنحنح.

قالت الغالية: ماذا بك؟! ماذا تريد؟

قال لها: سأؤذن للصلاة.

قالت: ما زال الوقت مُبكراً على الصلاة، استر علينا ولا تفضحنا بين خلق الله!

قال لها: أنا رجل لا أبيع ديني بِدُنياي، إذا كنتم لا تُصلون فهذا شأنكم أما أنا فصلاتي مُقدمة عندي!

قالت له: نم ومن أصبح أفلح!

قال لها: إذا كنت لا تريدين أن أؤذن فاعطني هذا الديك الذهب (وهي تُحفة من ذهب معروف أنها خاصة للغالية ابنة الشيخ) فأخذ التحفة، وهدأ إلى قبل الفجر خرج هو وصاحبه من الحصن على مطاياهما، وأخذا يدوران حول القصر

ويقولان: من يشتري ديكاً من ذهب! وينادي عليه إلى أن سمعه الشيخ فعرف الديك واشتراه منه لكي لا يفضح الغالية، اشتراه بمبلغ كبير من المال وعاد لأصحابه كاسباً للرهان!

عليا تعود

كانت عليا مُتعجبة من دهاء بو نواس، وكيف يكون لو سخّره بكامله في الخير والصلاح وإسعاد الناس، كم مستوى وعيه؟! سألت عليا نفسها، ثم ضحكت في داخلها وهي تقول: (ما لي وبو نواس)؟!

ما زالت بعض الهتافات تدور في أحلام عليا وهي نائمة، استغرقت في النوم أكثر ورحلت إلى الأعمق، أياماً معدودة تساوي في مقاييسها دهوراً، كم تعلمت من مبادئ الحياة وأُسسها الأصلية التي تُبنى عليها أعمدة بناء الحياة الطية الرائعة السعيدة، مازالت الهُتافات والرسائل تنساب عليها في رؤاها كزخات أمطار هذا الشتاء الرائع بكل معانيه المادية والأثيرية والروحية، تقترب الأصوات منها أكثر وتكاد تنتبه عليها.. تُحفر في ذاتها..

أحيانا يمكن لكتاب أن يقلب عالمك، وأحياناً يمكن عبارة، زيارة، منارة، موقف، حدث، أن يقلب مفاهيمك ويُعيد صياغتها بالشكل الصحيح!

كن قريباً: أحياناً لم نفهم لأننا كنا بعيدين عن أنفسنا..

ما هي خطتك؟! هناك من يخطط أن يحيا للأبد، بفكره، بعلمه، بذكره، بعمله، بإيمانه.. فما هي خطتك؟! ما هي نواياك؟! حلمك الخاص أين؟

قال لي صديق يوماً: "أنا لم أفكر مطلقاً بحلم خاص لي، كنت مشغولاً بالعيش فقط!".

قال عمربن الخطاب رضي الله عنه: "لا عمل لمن لا نيّة له، ولا خير لمن لا خشية له، ولا جديد لمن لا خُلق له".

فقط حرك زاويتك، الحقيقة أنك عندما تتحرك قليلاً سترى كل شيء بمنظور مختلف تماماً وجديد عليك، فتبهرك الأشياء من حولك حتى تتسع عيناك من الدهشة.

أبعد الظن لتحصل على الشيء/ الإنسان على حقيقته وعلى ما يكون، ولا تعاتب الغائب.

المسير جميل والأجمل أن تعرف أين تسير. مهما حدث استمر في المسير.. حياتنا كلها مخارج، ولكل أمر وعمر وممر.. مخرج بأمان.

التشابه لا يعني بالنوايا أيضاً..

24 ساعة زمن طويل جداً!

اربح، واكسب نفسك ومن معك! اهتم بنفسك والآخرين في نفس الوقت.

الحقيقة أن العُملة لا تنافس الطبيعة أبداً..

ليس هناك وضع مثالي 100%.

كانت عليا تحاول أن تحيا اللحظة، هنا والآن، في النوم واليقظة، ها هي تدسّ يدها في جيبها لتُخرج شيئاً أهدته لها الجدة سلايم في زيارتها لها، كانت عبارة عن أقراط وخاتم من الفضة، وأوصتها قائلة: "إذا لبستِ الأقراط في أذنيك فاجعليها رابطاً لك بالاستماع والإنصات والاستماع والتأمل والتعلم، وإذا لبستِ هذا الخاتم في إصبعكِ الجميل، فاجعليه رابطاً لك بالعيش في اللحظة، انتباها وإتقاناً وتفاعلاً ومبادرةً وعطاءً وكسباً للقلوب والأرواح والنفوس.

ابتسمت عليا وهي تُحكم قبضتها على هذه الهدية الغالية بقيمتها ومعناها ومصدرها وأهميتها!

السيارة تشق بها الطريق إلى العاصمة، مع أمها وأخيها، كم اشتاقت لوالدها، وبيتها وسريرها، بل إن كل شيء أصبح له قيمة ومعنى آخر الآن، لقد كانت الظروف بل تقدير الله عز وجل في

تنظيم الأحداث كلها لصالح عليا، هي الآن لن تعود تسير للأمام في حياتها فقط، بل تسير للأمام عالياً عُروجاً نحو السماء، فعلاً أدركت أنها هي المسؤولة مسؤولية كاملة عن حياتها، أدركت المعاني وزوايا جديدة لم تكن تراها من قبل، وجودك نعمة، استشعر ذلك ولا تترك مكانك خالياً.. كيف تعي مفهوم - اتصل لا تنفصل -، تفكير أم تركيز.. هل نستمر بتفكير أكثر أم نستمر بتركيز أكثر؟!

تسأل نفسها وهي تنظر للأفق: (في يوم ما.. هل شعرت أنك تدخل في منطقة الشفق بطريقة ما! اتبع النور؛ إذا فقدت النور في داخلك، لن تصل أبداً إلى وجهتك.

عليا تنظر لأجدادها وهي تودعهم، كانت تراهم بروح غير التي قدمت عليهم منذ أسبوعين، أدركت مفهوم الارتباط، كلنا مرتبطون معاً، نحن مرتبطون بعمق فقط لو انتبهنا سنشعر ببعض أكثر.

تأكد تماماً أن سعادة أي إنسان في أي مكان على الأرض هي سعادة لك وأنت لا تدري! فهناك أُناس صالحون في العالم، آمل أن تكتشف ذلك بنفسك يوماً، يجب تعهد الناس في نفسك، فبين الحين والحين ربما نكون في حاجة لإعادة ترتيب مواقع الناس في قائمة الروح!

كانت تسمع نبضها ربما لأول مرة.

السؤال هو: هل سمعت نبضك يوماً؟ حتما تعلم أنه يوجد فرق كبير بين دقات القلب ونبضات القلب! كيف كان شكلك وأنت طفل؟ هناك من لا يتذكر كيف كان شكله في السابق، إنما يشعر به في داخله.

عليا ترحل بعيداً بروحها وترفض المبدأ المُضحك فمن العجيب فعلاً أن السائح يقطع المحيط كاملاً ليلتقط صورة بجانب قاربه!

أنت نبض في الكون ولا تدري.. أنت والكون قلوب تنبض معاً! يقول آلبرت آينشتاين: "إن الكائن البشري جزء من كُل ما نسميه الكون وهو جزء محدود زماناً ومكاناً، يرى نفسه وأفكاره ومشاعره منفصلة عن البقية، وهذا نوع من الخدعة البصرية التي يسببها وعيه".

فسؤالي هو: كيف تعرف دائماً أنه أنت؟! ابحث دائماً عن هويتك وذاتك ونفسك!

لبـــحر الروح والشــــطآن	لأن النّـــــــــورَ يُنبــوع
لنعبر مـراحل الوجـدان	سـنرحل مــــلء أنفُسنا
أزاهيـــــــرَ بكل مكان	سـنطبَعُ قُـــبلة قِبلتنا
تـسير رحلتنا بأمـــــــان	يعي ذا الكـــون وجهتنا

اتصال بالمدى: كل ذرة في الكون تنتمي لي بقدر ما تنتمي إليك.

البعد الأثيري: هناك أبعاد في الحياة لا تتأثر بالزمان والمكان والمادة بل هي من تؤثر في كل مكان، ذلك البعد الذي نُطلق فيه الدعاء ونُرسل فيه الأشواق ونشعر فيه بكل أحد وبكل شيء، ذلك البعد "عبر الأثير"!

الريح تسأل من أنا؟!

أنا روحها سريان يعرفني الزمان

أنا مثلها في لا مكان

نبقى نسير ولا انتهاء

نبقى نمرّ ولا بقاء

فإذا بلغنا المُنحنى

خِلناه خاتمة السماء

فإذا فضاء!

قالت سلامة تُشارك عليا أفكارها وعالمها:

كل يوم فرصة جديدة، كل يوم فرص جديدة فقط لمن هو

مستعد للحياة جيداً!

لغز الحيـاة غمــــوض نحن نجهله

الأمس ولى فهل للغيــــب ننتقل؟!

ابتسمت عليا وهي تنظر في حقيبتها لصندوق ناولها إياه

جدها راشد (جائزة الأحجية)، لم تفتحه عملاً بوصية جدها:

"افتحيه هناك عندما تصلين بيتك، ووحدك في غرفتك"!

الحياة لغز، ربما الحياة كنز!

سترى بـأن العلــــم هو البلُّــور

وأن الحقيـــقة في نـور الرحمة تدور